KB013874

50의 품격은

말투로 완성된다

# 50의
## 품격은

格

# 말투로
## 완성된다

김범준 지음

말 따로
마음 따로인
당신을 위한
말투 공부

위즈

머리말

언젠가 가까운 사람 한 분이 저의 말투를 두고 이렇게 말하더군요. "살다보면 아는 척을 아예 안 할 수는 없겠지만, 그게 말투로 굳어버리면 듣는 사람을 불편하게 만들 수도 있다는 것 정도는 알았으면 좋겠어." 부끄러움에 아무 대답도 못했습니다. '아무거나 챌린지'는 권장사항이지만 '아무거나 말투'는 기피대상이라는 걸 저는 그동안 몰랐던 겁니다. 50이 될 때까지.

'지천명知天命', 하늘의 명을 알았다는 뜻으로, 나이 50세를 비유적으로 이릅니다. 《논어論語》에 나오는 말인데 공자孔子가 나이 쉰에 천명天命, 즉, 하늘의 명령을 알았다고 한 데서 연유해 50세를 가리키는 말로 굳이졌다고 합니다. 이쯤에서 나를 되돌아봅니다. 지금 50의 나에겐 하늘의 명령을 깨닫는 것보다 나 자신의 말투를 알아채는 게 더 급하다는 생각이 듭니다. '지아언知我言'이라고나 할까요.

고백합니다. 언젠가부터 - 대략 50이 되었을 즈음이 아닐까 합니다 - 제 의견에 맞서는 사람이 하나도 없는 것을 알게 되었습니다. 마음이 편해졌을까요? 아닙니다. 제 주위에 사람이 하나도 없다는 것을 깨닫게 되었으니까요. 정신을 차려보니 오직 저의 위치와 돈을 탐하는 무리들만이 저의 의견에 박수를 치며 환영했을 뿐 진실을 말해주는 사람은 어디론가 사라졌음을 알게 되었을 때 저는 참담한 마음이 들었습니다. 물론 제 탓입니다. "그건 오답!"이라며 상대방의 말을 뭉개던 저의 말투가 제 주위에 아첨꾼만 남겨둔 이유가 되었습니다.

역사에 반복은 없다고 합니다. 하지만 반복되는 어리석음은 있는 법입니다. 말투도 마찬가지입니다. 그동안 해온 어리석은 말투의 반복을 50이라면, 이제 더 이상 우리의 곁에 두지 말아야 할 차례가 되었습니다. 다윈 진화론의 핵심은 자연선택을 통한 적자생존이라고 합니다. 저는 지금까지 이것을 '강한 자가 살아남는다'라고 해석해왔습니다. 하지만 50이 되어 저는 '강함'보다 '부드러움'이 '진정으로 강함'을 깨달았습니다. 특히 말투에 관한 한 말입니다. 그래서 결론 내렸습니다. '부드러운 말투를 사용하는 50이 살아남는다.'

"당신이 무엇을 먹는지 말해보시오. 그렇다면 나는 당신이 어떤 사람인지 말해줄 수 있을 것이오." 어디선가 들었던, 그럴듯한 명언입니다. 저는 이를 이렇게 바꿔봅니다. "당신이 먼저 말해보시오. 그렇다면 나는 당신이 어떤 사람인지 알 수 있을 것이오." 50의 말투는 우리가 50에 이르도록 살아온 과거를 보여주고, 현재의 50을 알려주며, 60, 70 그리고 80에는 어떤 사람이 될지 예측케 합니다. 사람을 대하는 기본 마인드조차 결여되어 있으면서 누군가와 관계를 맺으려는 거칠고 냉정한 말을 무모하게 시도하는 내가 아니었던가. 내용도 빈약하면서 온갖 막말로 듣는 사람마저 부끄럽게 만드는 현실을 외면하고 있지는 않았는가. 반성해봅니다.

스스로를 향해 질문해봅니다.

갑과 을로 만난 게 아니었다면 과연 내가 상대방에게 이렇게 말할 수 있었을까.

상사와 부하로 만난 게 아니었다면 과연 내가 상대방에게 이렇게 말할 수 있었을까.

부모와 자식으로 만난 게 아니었다면 과연 내가 상대방에게 이렇게 말할 수 있었을까.

왜 을이 갑인 나의 이야기를 들어줘야 하는 걸까.

왜 부하가 상사인 나의 이야기를 들어줘야 하는 걸까.

왜 자식이 부모인 나의 이야기를 들어줘야 하는 걸까.

을, 부하, 그리고 자식은 과연 나의 이야기를 듣고 고개를 끄덕일까, 아니면 비웃을까. 아니면 밤마다 나와의 대화를 떠올리며 이불킥을 하고 있는 건 아닐까.

여기까지 스스로에게 질문해보면서 저의 말투를 평가해보니 부끄럽기 이를 데가 없습니다. 50에 이른 저의 말과 행동이 사람들에게 행복을, 아니 최소한 불편하지는 않게 만들어야 한다는 것을 몰랐던 겁니다. 타인의 행복 속에서 자신의 행복을 만들어내는 50의 말투야말로 진정 존경받을 만한 사람의 말투임을 알았어야 했습니다. 50이 되어 세상으로부터 외면받지 않으려면 뭐라도 존경받을 점이 있어야 하는 나이라는 점을 우습게 여긴 결과가 아닐까 싶습니다.

　말투 하나만으로 매력적인 50으로 거듭날 수 있습니다. 이와 반대로 말투 하나로 혐오스런 50을 만들기도 하다는 점, 잊어서는 안 됩니다. 이제 괜찮은 50이 되고 싶습니다.

50의 말투를 되돌아보기 좋은 계절에

김범준

**차례**

## 말이 곧 나다

# 아무도 내 말에 귀 기울이지 않는다면

# 나를 낮출수록 품격은 올라간다

4장

# 더 이상, 말로 상처 주지 않는다

# 50에는 조금 힘 빼고 말하기

# 1장

# 말이 곧 나다

매일 사소한 습관의 반복이 만성적인 병을 만든다.

그와 마찬가지로 마음의 습관적인 반복이 영혼을 병들게도, 또 건강하게도 만든다.

하루에 열 번 주위 사람들에게 냉담한 말을 퍼부었다면

오늘부터는 하루에 열 번 주위 사람들에게 기쁨을 안겨주는 말을 건네보라.

— 프리드리히 니체

# 작은 말투 하나로
# 50의 변화는 시작된다

50이다. 마음이 급하다. 변화가 어느 때보다 절실한 나이가 됐지만 급작스레 무엇인가를 바꾼다는 것, 쉽지만은 않다. 무엇을 바꿀 것인가.

노력, 인내, 근면 등이 인생 최고의 가치라고 생각하며 살아왔다. 그 가치들도 소중하지만 50이 되니 좀더 나아가 자유, 봉사, 희생 등을 마음에 새기며 살아가고 싶어진다. '이대로 안주해서는 안 된다'라는 말을 금과옥조로 여기며 경쟁 속에서 전력질주하던 사람이 갑작스레 관계, 소통, 행복을 최우선 가치로 삼으려니 솔직히 어색하긴 하다.

50 즈음부터였던 것 같다. 과거를 돌아보는 일이 점점 많아 졌다. "그때 그랬지!"를 자주 입에 올렸다. 나도 모르게 "나 때 는 말이야"를 외쳤다. 심각한 자기비하에 빠져드는 게 아니 라면, 더욱이 누군가에게 무언가를 강요하려는 게 아니라면 과거를 돌아보는 것도 나름대로 한차례의 '터닝 포인트turning point'로 의미가 있을 것이다. 하지만 고백한다. 나의 그것들은 반성이 아닌 고집이었다고. 법이나 규칙을 어기진 않았지만 적당한 타협과 느슨한 게으름이 곳곳에서 보였다고.

나는 특히 나 자신에 대해 부정적이었다. 나의 페르소나 persona, 그러니까 사회적 가면이 되어왔던 직책·재산·성과 등 외면적 가치에 불과했던 것들에 대한 아쉬움이 많았다. 학생 에서 직장인으로, 직장인에서 작가로, 그리고 언젠가는 사업가 로 도망칠 나를 보호하려는 변명으로 가득했다. 물론 도망치 려는 것은 '이렇게 살고 싶지 않다'라는 의지의 발현이자 나름 의 노력이었다. 하지만 그런 것들이 가끔은 나의 충만한 삶에 오히려 방해가 됐음을 순순히 인정한다. 이젠 바꿔내고 싶다. 잘못됐던 나의 모습을, 50의 나에게 새롭게 주어진 과제라고 생각하고 좋은 방향으로 바꾸고 싶다.

외면적 가치 역시 나를 보호하는 것이라는 데에는 이의를 달지 않겠다. 다만 50이 되어서까지 지위, 재산, 명예 등에 매

달린다면 매력 있는 사람과는 거리가 멀다는 걸 이젠 깨달았다. '매력자본'이 미래의 키워드라고 하던데 가진 게 '지위자본', '재산자본'밖에 없다면 그 인생은 얼마나 얄팍한가. 눈에 보이는 물질적 성공보다는 세상을 향해 더 나은 사람이 되려고 노력하는 것, 내 주변의 사람들과 좋은 관계를 만드는 것에 집중하고 싶다. 사랑하고 배려하면서.

물론 어렵다. 내가 모르는 무엇인가를 배워야 하고, 내가 하기 싫은 무엇인가를 해야 한다. 하지만 나는 안다. 아무것도 배우지 않고 아무것도 하지 않으면, '아무나'밖에 될 수 없다는 것을. '좀더 나은 자신'이 되길 원한다면 어렵더라도 변화하는 게 맞다. '뭔가 대단한 것'으로부터 시작하지는 않을 것이다. 내 주변, 아니 그보다 내 안에 있는 작은 것 하나부터 바꾸는 게 진정한 변화를 꿈꾸는 50의 바람직한 태도라는 것을 알아차렸기 때문이다.

젊지만 통찰력 있는 한 환경 운동가의 말이 기억난다.

"완벽하게 하려고 할 필요는 없어요. 작은 것부터 할 수 있는 만큼만 하면 됩니다."

환경 운동은 일회용 종이컵 대신 텀블러를 들고 카페에 가서 카페라테를 주문하는 것에서 시작한다고 그는 덧붙였다.

공감한다. 50의 변화 역시 작은 것 하나부터 시작해도 충분하다. 아니 그게 맞다.

어려운 사람을 위한 소액의 기부, 힘든 일을 겪고 있는 사람을 향한 따뜻한 위로의 시선, 실수 때문에 전전긍긍하는 누군가를 바라보는 격려의 미소 등 작은 것 하나로부터 50의 변화는 시작된다. 변화의 시작점은 그 무엇이라도 좋겠지만 나는 그중에서도 말투, 그리고 듣기부터 조금씩 바꿔보기로 했다. 이것은 나의 지난날 중에서 아쉬웠던 장면을 되돌아보며 마음먹은 첫 번째 과제다. 올바른 말을 할 것이고, 그만큼 올바른 말을 들으려고 노력하겠다는 것이다.


부끄러운 과거를 고백해본다. 주식 투자에 나섰다가 사기를 당해 큰돈을 날린 적이 있다. 주변의 달콤한 권유에 혹해서 매수한 이른바 '작전주'였는데, 결국엔 상장폐지가 돼 제법 큰 손실을 봤다. 그때 나는 인간관계에서의 서투름을 탓했다. 나쁜 사람을 구별하는 안목이 없음을 스스로 한심하게 여겼다. 세상엔 나쁜 사람이 많다고 여긴 것도 사실이다. 하지만 잘못된 판단이었다. 인간관계의 서투름, 상대방이 어떤 사람인가를 알아차리는 기술 이전에 나의 입과 귀에 대한 겸손함이 필요했었다.

나는 내 말이 통하는 곳을 원했고 내 귀에 쏙쏙 들어오는 말들을 기대했다. 내 말을 잘 들어주고, 내가 기뻐하고 흥미롭게 생각하는 것만을 말해주는 사람들로 주변을 채우고 싶어 했다. 그러다 보니 어느 순간 내 주변에는 모두 그런 사람들만 모여 있었다. 그리고 결국 어느 순간 달라진 그들을 통해 나는 인생의 고난을 맛봐야 했다. 어렵게 모은 돈은 순식간에 사라졌다. 가정에서는 불화가 생겼다. 직업적으로도 위기를 겪었다. 이게 다 내가 하고 싶은 말만 하고, 듣고 싶은 말만 들을 수 있는 곳을 찾아다녔기에 생긴 일이다.

그때 일들은 50이 된 즈음에 돌이켜봐도 속상하다. 하지만 실패를 통해 더 이상의 실패를 하지 않을 수만 있다면 괜찮은 일 아닌가. 나의 재산이 허무하게 사라진 것은 지금 생각해도 속상하지만, 그렇다고 무작정 나쁜 영향을 준 것만은 아니었다. 그런 일들을 통해 스스로 성장했다고 생각하기 때문이다. 특히 일방적으로 세상에 내뱉는 나의 경솔한 입과 달콤한 말들만 받아들이는 어리석은 나의 귀를 반성하게 됐다는 것만으로도 남은 50년을 더 잘 살 수 있는 교훈을 얻었다고 자부한다. 이제는 안다. 50이 되어 변화해야 할 나의 주제는 대단한 게 아니라고. 그저 나의 입과 귀, 그리고 말투만 잘 가다듬어도 충분히 멋지게 살아낼 수 있다고.

아무것도 배우지 않고 아무것도 하지 않으면,
'아무나'밖에 될 수 없다.

# 관계를 망치는 말투를
# 버리기로 했다

　나의 잘못된 말투는 어떻게 해서든지 용서를 받아야 한다. 나의 말들로 상처 입은 분들을 일일이 찾아가서 사과하고 위로해야 하겠지만, 그러지 못하는 나의 소심함을 먼저 반성한다. 과거에 나의 말투는 냉정했으며, 때로는 퉁명했다. 그렇게 누군가에게 상처를 주고 괴롭히는 말들을 쏟아내는 데 익숙했었다.

　"나니까 이렇게 말해주는 거야! 다른 사람 같으면 그러겠어?"

　어쩌면 이리도 저렴했을까.

절대 놓쳐서는 안 될 관계 속에서 무심코 내가 실수했던 말투의 목록은 끝이 없다. 이미 지나간 말들이지만, 하나도 빠짐없이 모두 찾아내 용서를 빌고 싶다. 더 부끄러운 게 있다. 나는 타인에게 상처를 주는 말을 하면서 정작 나 자신은 밑도 끝도 없이 변호하는 것에 익숙했었다. '나만'이라는 단서를 붙이는 데 익숙했던 나의 말버릇이 그러하다.

"나만 억울한 거야."

"나만 소외됐다고."

"나만 꼭 이렇게 된다니까."

남한테 멍청하다 놀리는 것을 내가 똑똑하다는 것으로 착각하면서 정작 나의 일상에 조금이라도 마이너스가 생기면 온 세상을 향해 저주를 쏟아냈다. 행복이란 한 사람의 영혼과 정신세계가 이전보다 더 성숙해지는 것이라고 한다면 나는 불행을 향해 달렸던 것이다. 타인은 미워하고 나 자신은 비하하던 나의 모습, 삶에서도 '딜리트delete'라는 걸 할 수만 있다면 모두 딜리트해버리고 싶다.


사람들은 말한다. 50이 되면서부터 주변에서 사람이 사라지는 걸 경험하게 된다고. 아마도 직장에서 밀려나고 가정에서 역할이 줄어드는 것들이 이유일 것이다. 그렇게 사회적 외톨

이가 되어간다는 말일 테다. 나는 그렇게 되고 싶지 않다. 좋은 사람들과 함께하고 싶다. 그런데 과연 나는 그럴 준비가 되어 있었던 것일까.

나는 "혼자서도 잘 살 수 있어", "어차피 인생은 혼자 가는 거야!"라고 외치는 것을 당연하게 여겼다. 독불장군처럼 살아가는 것을 '쿨'하다고 여겼다. 그 생각들의 유치함이라니… 더불어 살아가려는 노력은, 내 주변의 아름다운 사람들과 함께하는 능력을 높이겠다는 의지는 50의 내가 배우고 발휘해야 할 목표다. 하지만 솔직히 말해 나는 내 주변의 것들과 화해할 준비가 여전히 미흡하다. 관계를 만들어내는 말투 사용법에 관한 한 여전히 50 이전의 서툰 태도를 버리지 못했다.

언젠가 나이 마흔의 한 여성을 만났다. 프로페셔널이 무엇인지를 보여주는 전문직 여성이다. 옷차림이 세련됐을 뿐만 아니라 표정도 그지없이 편안해 보였다. 오랜만에 만난 반가움을 표하느라고 나도 모르게 말했다.

"여성스러워졌네?"

그 말에 상대의 표정이 굳어졌다. '아차!' 싶었다. 칭찬이라고 했지만 잘못된 말투였다. 이렇게 실수를 통해서 배워야 한다는 것이 안타깝다. 사실 나는 평소에 '남자답다!', '직장인답

다!' 같은 말을 답답하다고 생각해왔다. 누군가에게 함부로 '×
×답게 행동해', 'ㅇㅇ다운 모습을 보여야 해'라는 말투가 폭력
적임을 나는 늘 인지하고 있었다. 그런데 정작 내가 그런 말투
를 아무렇지도 않게 내뱉고 있었던 것이다.

상대방이 나에 대해 좋은 기억을 많이 갖고 있기를 원한다.
그런데 수십 년간 버릇이 된 나의 말투 하나하나가 가끔 이렇
게 관계를 망쳐놓는다. 나는 나답게 살고 싶다. 그런데 정작 나
는 내가 잘 알지도 못하는 누군가를 향해 "너답게 살지 마!"라
고 아무렇지도 않게 말하는 것을 멈추지 못하고 있다.


말투를 바꾼다는 건 힘든 일이다. 말투는 일종의 습관이다.
습관이란 성격의 발현이기도 하다. 그러니 갑작스레 바꾸기가
어렵다. 한 정신과 전문의는 성격이란 수십 년 동안 한 사람의
생존에 가장 적합하게 구성된 총체라는 말을 했다. 그러니 한
사람의 특징 속에서 함께한 말투 역시 순식간에 고친다는 건
천지개벽이나 다름없을 일이다. 말투를 고친다는 건 유전자를
바꾸려는 노력과도 같이 힘든 일이다. 하지만 그럼에도 불구
하고 변화를 이루어낼 수 있는 게 사람 아닐까. 입에서 튀어나
오는 말을 붙잡고 제대로 된 말을 해내고야 말겠다는 신념의
행위이자 다짐의 실천은 사람이기에 할 수 있는 일이다. 이 장

점을 포기하고 싶지는 않다.

50이 되어서도 말투 하나 바꿀 줄 모른다면 그건 자신의 인생, 아니 오늘의 일상에 대한 예의가 아니다. 모든 것을 바꾸려는 것도 아니요, 그저 말투 하나만 고치겠다고 다짐해본다. '원한다면 삐딱하게 앉아도 좋다. 그러나 말은 바르게 해야 한다'라는 터키 속담처럼 50이 되어 이미 굽어지기 시작한 허리를 펴지는 못할지라도 누군가와의 관계를 아름답게 만들어내는 말투로 바꾸고 싶다.

REMIND

**행복이란**
**한 사람의 영혼이 이전보다 더 성숙해지는 과정이다.**

# 말의 내용만큼
# 형식이 중요하다

모든 문제는 말투에서 시작된다. 기업인의 몰락도, 정치인의 멸망도, 한 가정의 붕괴도 모두 잘못된 말투의 결과다. 금배지에 잘나가는 대권 주자든, 쟁쟁한 기업의 사장이든, 한 가정의 가장이든 수십 년 쌓아온 공든 탑이 말투 하나로 우르르 무너진다. 그걸 모르는 사람은 없기에 "말 한번 잘못하면 한 번에 '훅' 간다니까"라면서 조심한다. 하지만 그때뿐이다. 말투는 본성을 반영할 수밖에 없기에 여차하는 순간 입 한번 잘못 놀려 모든 것을 잃는다.

사실 말투를 따로 배워야 한다고 생각하는 사람은 없을 것이다. 50의 나도 그랬다. 아마 대부분의 50은 그냥 있는 그대로, 하고 싶은 대로 행동하고 말해오지 않았을까. 어찌어찌해서 기업에 입사하여, 나름대로 성과를 내면서 승승장구하고, 그에 따라 리더십 교육 과정에 참여해 '리더의 언어' 같은 걸 공부한 사람이라면 또 모르겠다. 하지만 그들에게도 물어보고 싶다. 그래서 변했는가? 며칠 또는 몇 시간의 대화법 교육으로 관계의 핵심인 소통의 기술을 마스터했는가? 아마도 불가능한 일일 터이다.

우리 50, 솔직히 인생의 그 길고 긴 시간을 '지 맘대로' 말해왔다. 그렇게 '지 맘대로' 말하다가 많은 해악을 일으키기도 했고 또 그만큼 아니 그 이상으로 많은 해악을 받기도 했다. 그렇다고 말투를 배울 환경이 나아진 것도 아니다. 나아지기는커녕 소통을 배우는 것이 점점 어려워진다. 소통의 내용만큼이나 소통의 방법도 바뀌었기 때문이다. 예를 들어 우리 50은 얼굴을 바라보고 하는 소통 방식으로 사회생활을 시작했다. 그런데 이제는 얼굴을 바라보지 않고 하는 소통이 일반화됐다.

50은 사회에 진출할 때 소통을 잘하기 위해 '목소리를 크게 하는 것', '인사를 잘하는 것', '공손하게 대답하는 것' 등을 대단한 기술처럼 배웠다. 그런 50에게 요즘 급부상하는 '90년생' 등의 젊은 세대는 하나의 커다란 장벽이다. 50에게 90년생이 장벽인 것처럼 90년생에게 50도 마찬가지다. 한쪽에선 "척하면 알아야지!"라면서 짜증을 내고, 다른 한쪽에선 "말이 안 통해!"라면서 투덜거린다. 아쉬운 건 우리다. 소통의 흐름에서 소외되고 나서야 뒤늦게 '아차!' 하며 이마를 친다.

새로운 세상이 왔는데 여전히 과거의 구닥다리 말투로 관계를 맺으려 하니 여기저기서 한소리 듣는다. '꼰대'라나 뭐라나. 이 순간조차 '아차! 뭔가 잘못됐구나'라고 생각하기는커녕 "도대체 내가 뭐가 문제야?"라며 자기를 방어하기 바쁘니 관계가 삐걱댈 수밖에. 바닥을 친 것 같은 50, 시련을 간신히 이겨낸 50이라고 생각했는데 진정한 시험대가 눈앞에 닥친 것이다. '말하기'라는 시험대.


'모든 관계는 말투에서 시작된다.' 이 문장 하나만 머릿속에 꼭 담아둬도 중간, 아니 중간 이상은 간다. 그동안 자신의 말투를 제대로 점검하지 않으면서도 돈벌이를 하고, 무난히 직장에 다닐 수 있었던 축복(?)받은 세대였음을 냉철하게 인정하자. 그리고 다시는 그런 행운을 기대하지 말아야 관계가 찾아온다는 것을 명심하자.

물론 이전의 나와 전혀 다른 내가 되어야 한다는 점은 속된 말로 '넘사벽'일 수도 있겠다. 집안에서 대화가 안 되는 아들에게 "네가 좋아하는 카페에서 이야기를 나눠보자꾸나"라고 할 줄 알아야 하고, 방문을 걸어 잠근 딸에게 "아빠가 미안하다"라고 카카오톡 메시지를 보낼 줄 알아야 하니 말이다. 말은 내용만큼이나 형식도 중요한데, 50이 되어 배워야 할 대화법의 내용과 형식은 아득할 정도로 많기만 하다.

과연 그렇게 할 수 있을까? 이건 할 수 있다, 할 수 없다의 문제가 아니다. 그냥 해야 한다. 자신이 하고 싶은 말만 하는 50은 결국 자신이 마음에 들지 않는 말만 듣게 될 것이다. '모든 관계는 말투에서 시작된다.' 이 평범한 진리를 무시하는 순간 50의 삶은 더없이 팍팍해질 것이다. 무서운 미래가 눈앞에 다가오고 있다. 변할 것인가, 묻힐 것인가.

**REMIND**

**모든 관계는 말투에서 시작되며,
50의 품격은 말투로 완성된다.**

# 누군가의 조언을
# 그대로 받아들인다

사람은 혼자서 살 수 없다. 혼자서 살 수 없다는 건 무슨 뜻일까? 자기 얘기를 들어줄 누군가가 필요하다는 말이다. 아주 작은 말이라도 누군가 나의 말을 진심으로 들어준다면 세상은 살 만할 것이다. '행복을 찾는 것보다 불행을 피하는 것이 중요하다'라는 말이 있다. 어려움이 찾아왔을 때 무작정 용기를 내어 다시 세상으로 나가는 건 쉽지 않다. 그때 누군가가 내 앞의 문을 열어주고 길을 안내해준다면 그때서야 비로소 세상 밖으로 나갈 수 있을 테다. 마찬가지다. 불행을 피하는 것 이상으로, 불행이 왔을 때 그것을 기억 너머로 사라지게 하는 방법이 중요한데 이를 위해 나의 어려움에 대해 이야기를 들어주고 따뜻한 조언까지 해줄 수 있는 가까운 사람이 있으면 좋을 것이다.

언젠가 나도 그랬다. 갑자기 닥친 난제를 해결하려고 기를 쓰다가 결국 '번아웃'이 되어버렸다. 스트레스를 받아 몸까지 상했다. 하나씩 내려놓으면서 나를 있는 그대로 받아들여야 했지만 혼자의 힘으로는 불가능했다. 그때 우연히 만나게 된 심리상담사가 "좀 쉬었다 해요. 뭘 그리 집착합니까. 너무 열심히 하는 것도 병이에요"라고 조언해주었는데, 그 말 한마디가 나를 다시 살아나게 했다. 사람이 무섭다는 말을 많이들 하지만, 그래도 사람을 포기할 수 없는 이유를 나는 그때 찾은 것 같다. 괜한 경쟁의식으로 에너지가 고갈됐음에도, 사람 욕심 때문에 인맥 하나 더 만들겠다고 그 난리를 피웠음에도 정말 필요한 것을 잊고 있던 나를 그가 위로해주었고 그로 인해 내가 다시 일어설 수 있었다. 이래서 사람이 필요한 거다.


대기업에 다니다 그만두고 사업을 시작한 친구가 있다. 일종의 전관예우라는 게 있어서, 처음에는 후배들이 좀 봐주고 해서 나름대로 괜찮았다. 그런데 몇 년이 지나자 그런 혜택(?)이 사라져버렸다. 하루하루를 버티기가 고역이었다. 직장에 남아 있는 후배들에 대한 서운함이 특히 컸다. 사람에 대한 배신 간에 밤잠을 설쳤단다. 은퇴와 동시에 허무가 습격하면 솔직히 감당해낼 50은 세상에 그리 많지 않으니, 나도 그 마음을 충분히 이해한다. 그렇다면 그는 어떻게 괴로움과 스트레스를 해소했을까.

그에겐 단골 호프집 주인이라는 존재 자체가 솔루션이었단다. 그리 비싸지 않은 호프집인데, 그 가게 주인과는 이해타산 밝힐 일도 없고 다른 사람에게 말이 새어나갈 염려가 없어서 좋았다고 했다. 오랫동안 술장사를 하면서 산전수전 다 겪은 터여서 그런지, 나이는 자신보다 적었음에도 친구는 귀를 기울이며 조언을 받았다고 했다.

"호프집 주인과 대화를 해나가면서 기운을 차렸어. 나와 주변 사람들에게 지금 나는 '정체성 수리 중'이라고 말할 정도로 여유를 되찾았어!"

친구를 바라봤다. 그가 한 뼘 더 성숙했음이 눈에 보였다. 대단하다는 생각이 절로 들었다. 특히 상대의 말에 귀를 기울일 줄 아는 그의 겸손함이 아름다웠다. 누군가의 조언을, 누군가의 미소를 받아낼 줄 아는 겸손함이야말로 50이 가져야 할 지혜 아닐까 하는 생각이 들었다. 그는 '건방'과는 거리가 멀었다. 자신이 배울 수 있는 상황이라면 상대방의 지위와 나이를 가리지 않고 귀를 기울일 줄 알았다. 그렇게 자신의 모습을 조금씩 수리하면서 리모델링했다.

잘 모르는 어딘가를 찾아가는 건 용기다. 그곳에서 알게 된 자신의 부족한 부분을 채워낼 줄 아는 50이야말로 매력 있어 보인다. 자신보다 어리고 경험도 부족한 상대방에게 귀를 기울이며, 그의 말을 통해 자신을 성장시킬 줄 아는 50의 모습, 그런 사람이 되고 싶다.

한때 '멘토'라는 말이 유행했다. '현명하고 신뢰할 수 있는 상담 상대'를 뜻하는데, 사실 멘토는 나이로 정해지는 게 아니다. 자신의 불편함과 불안감을 해소할 수 있는 사람이라면 지위 따위는 전혀 문제가 되지 않는다. 자신이 운영하는 사업체의 직원도, 자기 아들과 딸도, 커피 한잔 마시러 가는 카페의 아르바이트 직원도 모두 멘토가 될 수 있다.

이런 마인드를 가진다면 50, 아니 60, 70 그리고 80이 되어서도 세상의 부름을 받지 않을까? 자신보다 약한 사람만 찾아다니며, 마치 상대방도 모르는 그 자신에 대해 자기는 빤히 알고 있다는 듯 건방진 눈빛으로 쳐다보는 것을 자제한다면 '완전 매력 호감형의 50'이라는 호평을 듣게 될 테다.

50의 말투, 이제 '잘난 체'와는 이별을 고하도록 하자. 대신 겸손함으로 '데코레이션decoration'을 해보자. 조금 덜 가지되 조금 더 베푼다는 마음으로 세상을 대하면 그동안 보이지 않았던, 아니 보지 못했던 관계도 잘 보일 것이다. 아무리 세상이 '헬조선'을 외치더라도 우리만큼은 긍정성을 잃지 말고 "그래도 세상은 살 만한 곳이다"라고 말할 수 있으면 좋겠다. 인생의 막다른 골목에 서 있는 사람에게 어깨를 다독여주는 존재로 50이 재평가되기 위해서라도 말이다.

고등학교 때 교장 선생님이 기억난다. 조회 때의 얘기다. 굳은 표정에 '차렷' 부동자세로 서 있는 우리를 향해 교장 선생님이 "편히 쉬어"라고 말씀하셨다. 하지만 어떻게 감히 '편히 쉬는' 자세를 취할 수 있었겠는가. 학생부 선생님이 몽둥이를 들고 날카로운 눈빛으로 쳐다보는 상황이었으니 말이다. 오히려 흐트러짐 없는 자세를 유지했다.

그때였다. 교장 선생님이 환하게 웃으며 재차 말씀하셨다.

"명령입니다! 편히 쉬세요!"

그 시원시원한 말과 말투가 수십 년이 지난 지금까지도 생생하다. 자신의 지위를 이용해 권위를 얻으려 하기보다 지루하게 서 있는 학생들을 편하게 해주려 선생님의 사려 깊은 말투는 지금 생각해도 기분이 좋다.

잘난 체하는 말투나 행동, 50이 되어서까지도 그렇게 하고 싶은가. 누군가의 멘토, 누군가의 리더가 되어 그렇게나 '있는 척'을 해보고 싶은가. 자신보다 어린 사람, 자신보다 약한 사람도 멘토로 삼겠다는 마음가짐으로 따뜻하고 겸손하며 상대방을 배려하는 말투를 가지려 노력하는 것이 50답지 않을까. 상대방의 마음을 알아차리고, 자신의 권위를 내세우지 않으며, 겸손을 가득 담아 말할 줄 안다면 어느새 세상의 많은 사람들로부터 부름을 받는 50이 되어 있을 것이다.

**REMIND**

**행복해지려는 말투를 사용하기 이전에
불행해질지 모르는 말투를 삼가는 게 우선이다.**

# 할 수 없는 것은
# 할 수 없다고 말한다

50이 되니 할 수 있는 일과 할 수 없는 일을 구분하기가 편해졌다. 키가 180이 넘어버린 첫째와 농구 시합을 해서 이길 수 없음을 알게 됐고, 신발 사이즈가 290에 달하는 둘째와 달리기 시합을 해서 이길 수 없음도 깨닫게 됐다. 불과 1~2년 전만해도 농구든 달리기든 근근이나마 어쨌든 이겼는데…. 아내는 "운동을 안 하니까 그런 거지"라고 말하지만, 나는 이제 안다. 안 되는 건 안 되는 거다.

50이 되면서 "할 수 없다"고 말하는 데 익숙해졌다. 여전한 자존심, 그러니까 '뭐든지 할 수 있어. 하면 된다고!'라는 마음이 없는 건 아니다. 하지만 그보다는 이제 "나는 할 수 없다"라고 당당하게 외치는 내 모습이 마음에 든다. 나 자신뿐만 아니라 타인의 할 수 없음에도 익숙해지고 있다. 예전에 나의 말투는 이랬다. "왜 못 해?" 하지만 이제는 "못할 수도 있겠다"라고 말할 줄을 안다. 그게 50의 여유 아닐까 싶다. 50이 되어서까지 미래를 볼모로 현재를 혹사하는 것은 폭력이다. 무조건 이겨야 한다고 돌아갈 힘조차 남겨두지 않는 건 무모함이다.

할 수 없다고 말할 줄 아는 것이야말로 용기다. 누군가에겐 비겁함이거나 소심함으로 보일 수도 있겠지만 나의 생각은 다르다. 50이 되어서야 '못 한다'를 말할 줄 알게 됐다면, 자신의 바닥을 보여줬다고 부끄러워할 게 아니라 오히려 자랑스러워해야 마땅하다. 세상을 살아가는 지혜에 한 걸음 다가섰다는 증거이니 말이다. 할 수 있으면 할 수 있다고 말하는 것, 할 수 없으면 할 수 없다고 말하는 것 사이에서 우리의 50은 균형을 잡아간다. 그래서 이제 나는 누군가가 "그것도 못 해?"라고 말한다면 당당하게 대답할 수 있다.

"응, 못 해."


'사람이란 한낱 숨결과도 같은 것이며 그의 날은 지나가는 그림자와 같다'라는 성경 구절이 있다(시편 144장 4절). 인생은 짧다. 짧은 시간 속에서 불행이 내 인생의 많은 부분을 차지하게 해서는 안 될 일이다. 불행은 어디에서 올까. 그 길목은 수없이 많겠지만, 그중 하나는 욕심 아닐까. 특히 모든 걸 할 줄 안다는 욕심.

그래서 나는 할 수 없는 것은 할 수 없다고 말하기로 결심했다. 내가 잘할 수 있는 것에 좀더 관심을 두고, 내가 잘하기 위해 필요한 것들을 보완하고 개선하려는 노력에 좀더 집중하기로 했다. 밑바닥까지 드러내며 몸과 마음을 소진하기보다는 그나마 아직 거품이 남았을 때 "아냐, 나 별거 아니야"라고 말할 줄 아는 내가 되고 싶다. 여기에 한마디 더 보태면 더욱 좋을 듯하다.

"나 지금 괜찮아."


모든 것을 잘해내야 한다는 건 망상이다. 망상을 벗어나지 못하면 집착이 생기고 욕심만 늘 뿐이다. 모두가 이기려고 할 때 나만이라도 조용히 발을 뺄 줄 아는 게 세상을 그래도 꽤 살아낸 50의 지혜 아닐까 싶다. 이런 여유가 없다면 '그 모양 그 꼴'의 아저씨 또는 아줌마가 되어버릴 텐데 개인적으로 그렇게 살고 싶진 않다. 그래서 나는 오늘도 말한다.

"나? 못 해."

'못 한다'를 말한다는 것은 자신의 바닥을 보여줌에 대한 부끄러움이 아닌
세상을 살아가는 지혜에 한 걸음 다가섰다는 자신감의 증거다.

# 사회적 체면과
# 이별한다

50은 갱년기다. 신체적, 정신적으로 약해지기 시작한다. 남아 있는 포도주가 시어지듯 성말라 갈 것인지, 백발을 영광의 면류관처럼 받아들인 것인지는 오직 나에게 달려 있다. 물론 '저녁은 낮이 어떠했다는 것을 보여준다'는 말처럼 낮에 엉망으로 지냈는데 저녁이 환희로 가득하기를 바라는 건 욕심이다. 하지만 50이라면 아직은 저녁이다. '밤은 저녁이 어떠했다는 것을 보여준다'고 생각하면서 변화를 꾀한다면 그래도 미래는 희망을 가져볼 만하지 않을까. 변화가 힘든 것은 당연하다. 변화란 지금까지의 생활양식과는 달라져야 함을 전제로 하기 때문이다. 사회 활동은 물론 가족 관계에 이르기까지 모두 새로운 일들에 맞서야 함을 말한다.

'첫 번째 화살은 맞을 수 있다. 하지만 두 번째 화살을 맞아서는 안 된다'라는 말이 있다. 숲에 사는 노루가 사냥꾼에게 화살을 맞았다. 도망칠 수 있다면 그 자리를 떠나야 한다. 그런데 노루는 '어디서 화살이 온 거지?'라며 주위를 둘러본다. 그러다 두 번째 화살을 맞는다.

살면서 화살을 맞아왔다. 괜찮다. 누구나 한 번 사는 인생이기에 첫 번째 화살은 맞을 수 있다. 하지만 두 번째 화살이 내 몸을 관통하도록 놔둬선 안 된다. 이제까지와는 다르게 살아가야 하는 이유다. 변화해야 한다. 지금까지 고수해온 습관을 돌이켜보면서 앞으로 다가올 세상을 담담하게 그리고 당당하게 맞이할 수 있도록 자신을 바꾸는 건, 인생 기획안을 만들어내고 그것을 실행으로 옮기는 뜻 깊은 과정이기도 한다. 비 온 뒤에 땅이 더 굳듯, 한 번 맞은 화살은 결과적으로 득이 될 수 있다. 하지만 두 번째 화살만은 피해야 한다.

두 번째 화살을 맞지 않고자 변화하려는 노력은 사람마다 다른 방식으로 펼쳐진다. 각자 다른 키워드를 갖고 있을 것이나 나는 그 변화를 위한 주제를 세 가지로 구분해보았다. 건강, (무엇을 할 것인가에 대한)계획, 말투가 그것이다.

우선 건강이다. 신체적 노화 과정은 피할 수 없는 자연현상이다. 하지만 건강 관리를 포기해선 안 되며, 최소한 현재 상태를 유지하기라도 해야 한다. 뜬금없이 헬스클럽에 등록해 '초콜릿 복근'을 꿈꾸자는 말이 아니다. 나는 우선 편하고 가벼운 운동화 한 켤레를 사서 저녁에 동네 한 바퀴를 도는 것부터 시작했다. 시작이 반이라고 하지 않던가. 일상이 변하면 삶이 달라진다. 몸이 자극을 받아야 정신도 돌아온다. 추우면 추운 대로 더우면 더운 대로 몸을 움직이는 건 의외로 머리를 맑게 해준다. 최근에는 변화하려는 노력을 좀더 집중해보고자 복싱을 배우기 시작했다. 줄넘기가 버겁긴 하지만, 3분 동안의 잽을 던지는 시간이 괴롭긴 하지만, 운동을 마치고 샤워를 한 후 집으로 돌아가는 길의 상쾌함은 이전에는 못 느꼈던 쾌감이다.

다음으로 계획이다. 50이라면 이제 퇴직 후 또는 은퇴 후의 생활을 고민해야 한다. 막연한 꿈을 꾸는 것은 젊었을 때로 족하다. 구체적이어야 한다. 앞날 걱정을 하면서도 '어떻게든 되겠지'라고 결론을 내리는 것은 무계획을 넘어 현실 회피다. 50의 계획은 '다운사이징'으로 시작해야 한다. 예를 들어, 재밌긴 하지만 돈이 제법 드는 골프를 그만두는 것이다. 또 관계를 맺는 데 연연해 술값으로 적지 않은 돈을 날리는 것, 유럽 여행

다녀오느라 수백만 원을 쓰는 것과도 작별해야 한다. 최근에 나는 골프에 소비하던 돈, 여행에 낭비하던 돈을 배움에 투입하고 있다. 독서 모임에 참석하고, 요가와 명상을 배우며, 새로운 이슈에 대해 토론하는 그룹에 참여하기도 한다. 여행도 경험이겠지만 나의 영혼과 몸, 그리고 누군가와의 관계에 돈을 투입하는 건 꽤 근사한 경험이었다. 아마 앞으로도 쭉 이어나갈 듯하다.

마지막으로 말투다. 말투는 인간관계 개선의 핵심이다. 말투를 바꾸고 싶다면 우선 50 이전에 우리를 옥죄었던 명함에 새겨진 사회적 체면과 이별해야 한다. 사회적 가면을 썼던 '내가 아닌 나'로부터 탈출하는 게 먼저다. 비싼 몸값 증명하겠다고 그동안 후배들에게 싫은 소리도 꽤 했다. 하지만 이제는 인간 대 인간으로서 상대방이 나를 어떻게 생각할지 고민하면서 말하는 것에 관심을 두고 있다. 가면 뒤에 숨어서 날뛰던 나의 거칠어진 호흡을 가다듬고 말하는 연습을 하고 있다.

참고로 이쯤에서 나의 말투에 대해 고백해본다. 나 역시 50이 되기까지 여러 개의 가면이 있었다. 가면에 따라 체면을 차린다면서 없는 나를 억지로 내보이느라 탈진하기도 했지만, 그 과정에서 수많은 사람에게 상처를 주었다. 특히 직장에서의 나의 말투가 문제였다. 후배를 생각한다면서 상대방에게 상처만 주는 의미 없는 말을 쏟아낸 적이 한두 번이 아니다.

"승진하려면 그렇게 행동해선 안 돼."

"선배가 말하면 일단 무조건 '예'라고 해."

"직장이 무슨 취미야?"

나는 선배가 아니었다. 겁을 주는 협박범이었다.


건강을 위한 산책도, 미래에 대한 구체적인 계획도 좋지만 무엇보다 말투의 변화로 50의 변화를 시작하기로 결심했다. 과거의 나에서 벗어났음을 증명하는 건 돈이나 차 또는 아파트가 아니다. '말은 곧 나다'라는 말처럼 나를 드러내는 건 말 한마디, 말투 하나다. 말투는 영혼의 숨결이며 말은 행동의 그림자다. 50이 되기 전까지 나는 타인의 상황은 고려하지 않는 강한 말투에만 익숙했다. 어렵겠지만 유연하고 아름다운 말투를 배우고 사용하기 위해 노력해보겠다.

길을 아는 것과 길을 걷는 것은 다르다는 말처럼 좋은 말투를 찾아서 배우는 것에만 그치지 말고, 알아낸 괜찮은 말투를 사용했으면 좋겠다. 누구를 만나든 형식적인 인사가 아니라 진심 어린 응원을 하는 50, 멋지지 않은가. 혹시 당신의 거칠면서도 배려라고는 전혀 없는 말이 여전히 통한다고 믿고 있다면 '늙은 호랑이는 개들의 웃음거리다'라는 아랍의 속담을 기억했으면 좋겠다. 아쉬운 건 우리지, 지금 세상에 나서는 젊은 친구들이 아니라는 점을 알아차리도록 하자.

REMIND

**말투는 영혼의 숨결이며
말은 행동의 그림자이다**

# 2장

# 아무도 내 말에
# 귀 기울이지 않는다면

생각을 조심하세요, 언젠가 말이 되니까.

말을 조심하세요, 언젠가 행동이 되니까.

행동을 조심하세요, 언젠가 습관이 되니까.

습관을 조심하세요, 언젠가 성격이되니까.

성격을 조심하세요, 언젠가 운명이되니까.

— 마더 테레사

# 겸손하게 질문하고
# 따뜻하게 이름을 부른다

"그게 최선입니까?"

"그게 다한 거야?"

나는 몰랐다. 이런 말을 함부로 입으로 표현하는 것이 얼마나 부끄러운 일인지를 말이다. 나 자신은 최선을 다할 줄 모르면서 상대방을 향해 함부로 '최선' 운운한 나란 사람에 대해 혐오감이 생길 정도다. 한편으론 미안하다. 나의 말을 들으며 '도대체 무슨 최선을 말하는 거지?'라고 마음속으로 혼란을 느꼈을 수많은 '그들'을 향해 사과한다. 이런 말들을 질문이라 생각했던 나란 사람의 소통 레벨에 대해 한심함을 느낀다.

질문은 괜찮은 대화의 기법이다. 하지만 질문의 내용이나 의도와 관계없이 질문의 방식이 잘못되면 질문은 더 이상 소통의 도구로서의 질문이 아니라 관계 악화의 주범으로서의 헛된 말이 된다. 세상을 향한 거친 질문은 자기 자신을 고립과 고독의 영역으로 몰아낸다는 사실을 잊지 말아야 한다. 아무도 대화를 원하지 않는 사람이 되어버리는 것이다. 내가 그동안 해왔던 질문들을 되돌아보면서 세상의 많은 사람들 역시 질문을 엉뚱하게 사용하고 있음을 깨닫게 되었다. 나는 강의를 하는 것보다 듣는 것을 좋아한다. 유료든 무료든 관계없이 나와 다른 누군가의 이야기를 듣는 것은 새로운 세상을 가장 쉽게 알아가는 방법이라 생각하기 때문이다.

그런데 강의를 들을 때 민망한 순간이 있다. 강사의 질문 스킬이 부족했을 때다. 사실 질문은 지루한 분위기를 환기하고 듣는 사람의 주의를 끌 수 있는, 좋은 의사소통 기술 중 하나다. 그러나 잘못 사용하면 질문을 받는 사람은 물론 그걸 바라보는 사람조차 불쾌하기 짝이 없는 경우가 많다. "이것에 대해 답해보실 분 계세요?"라고 질문해놓고 청중이 대답을 하면 "아니 이것도 몰라요? 다시 한 번 생각해보는 게 어때요?"라는 경우가 바로 그런 경우다. 수강생이 엉뚱한 대답을 했을 때 강사 얼굴에 은연중 나타나는 '그것도 몰라?' 하는 표정은 또 어떤

가. 한마디로 재수 없다. 왜 질문이라는 말의 형식을 이렇게밖에 사용하지 못하는 걸까. 사회에서의 나이 50, 그리고 강연장에서의 강사 모두 나름대로의 위치를 차지하고 있는 사람들이다. 경험이든 지식이든 무엇인가 배울 점이 있으리라고 젊은 사람은, 수강생은 기대하고 있는 것이다. 그런 사람들을 향해 수준 낮은 질문을 하면서 스스로의 가치를 떨어뜨릴 이유는 없지 않겠는가.

이른바 달변가라 불리는 이들을 보면 질문을 정말 잘한다. 질문 한마디로 공격적인 상대의 입을 막아버리기도 하고, 냉정한 사람의 마음을 움직이기도 한다. 물론 평범한 사람이 그런 달변가의 질문 기술을 따라 하기는 힘들다. 질문을 하려면 순발력도 필요하기에 단기간에 고난도의 질문 기술을 배우기란 쉽지 않은 일이다. 그럼에도 질문은 대화의 수준을 높여주는 간접적인 형태의 권유나 지시 등으로 활용하기에 좋은 말이니 어떻게 해서든 익혀볼 만하다. 특히 누군가의 선배이고, 상사이며, 한 가정을 이끄는 50이라면 더더욱 그렇다.

50의 질문은 달라야 한다. 어떻게 달라야 할까. 우선 정해진 답을 끌어내기 위한 질문은 삼가자. 질문은 대화를 풍부하게 하기 위함일 때 최고의 효과를 발휘하기 때문이다. 경직된 분위기를 풀어보고자 질문을 활용하는 것도 괜찮다. 예를 들어보자. 한 모임이 열렸다. 그 모임을 이끄는 운영진 중의 누군가가 최근에 어려운 일을 겪었다. 그 상황에서 이런 질문으로 분위기를 이끌어간다면 어떨까.

"안녕하세요. 제 인사에 앞서 우리 모임의 리더인 A 씨에게 감사를 표하고 싶습니다. 요즘 우리 모임에서 일어난 불편한 일들을 해결하느라 고생하신 거, 모두 아시죠? 격려의 박수 부탁드립니다."

긴장하고 있을지도 모를 운영진을 위해 격려하고 지지한다는 뜻을 간접적으로 드러내는 질문을 하나 넣었을 뿐인데 대화의 분위기가 달라졌다. "요즘 우리 모임에서 일어난 불편한 일들을 해결하느라 고생하셨습니다. 격려의 박수 부탁드립니다"라는 평서문과 비교해보라. 건조함과 딱딱함이 덜함을 알 수 있다. 정서적 유대감이 한결 강화된 느낌이다. 질문은 이렇듯 자칫 딱딱하게 흐를 대화환경을 따뜻하게 이끌 수 있다.

두 번째로 질문을 통해 자신의 감정을 상대방에게 편하게 공유할 수도 있다.

"반갑습니다. 저도 열심히 참석하면서 여러분을 자주 뵈어야 했는데 그러지 못했습니다. 그래도 이렇게 만나게 되니 정말 기분이 좋습니다. 여러분도 좋으시죠?"

'나의 기쁨이 당신의 기쁨이 될 수도 있음'을 말하는 것 같다. '내가 좋으니 당신도 좋아야 한다'라는 경직된 느낌이 아니라, '나는 참 좋은데 당신도 좋았으면 좋겠다'라는 겸손함이 엿보여 괜찮지 않은가. 자신의 마음을 이렇게 겸손한 마음으로 나타내는 사람에게 아무래도 마음이 더 가기 마련이다.

마지막으로, 질문이 누군가를 알아주기 위한 것이었을 때 그 효과는 최고조에 이른다. 사람은 외로운 존재다. 그래서 누군가에게 좋은 일로 이름이 불리거나 인정을 받으면 마음이 한결 부드러워진다.

"오늘 이 자리에 여기 서울뿐 아니라 멀리 천안, 대전, 그리고 바다 건너 제주도에서도 오셨다고 들었습니다. 제일 먼 제주도에서 오신 분들, 어디 계십니까? 여러분, 큰 박수 한 번 부탁드립니다."

"제일 먼 제주도에서 오신 분들, 어디 계십니까?"라는 질문, 단순한 인사치레로 들리지 않는다. 활용해볼 만한 질문 스타일이다.

크게 의식하지 않고 말해왔던 50의 말투가 갑자기 바뀌기는 쉽지 않다. 하지만 질문의 방법을 체크해보고 이왕이면 누군가를 알아주고 지지하며 자신의 좋은 감정을 공유하기 위해 사용할 줄 안다면 '타고난 달변가'까지는 아닐지라도 '함께하고 싶은 사람'이라는 평가 정도는 충분히 받을 수 있지 않을까. 50의 말투에 설득력을 더하고 싶다면 질문을 눈여겨보자.

하나 더, 질문과 함께 대화를 따뜻하게 이끄는 말투의 기술이 있다. 특히 50이라면, 누군가의 이름을 부를 수 있는 위치에 있다면, 꼭 알아두어야 할 말투의 기술이 있다. 이름을 불러주는 것이다. 먼저 질문 하나 던져본다. 사람의 이름만으로 노래가 될 수 있을까? 가능하다. 세상에서 가장 슬픈 노래를 접한 적이 있다. 세월호 추모곡 '이름을 불러주세요'(작사·작곡 윤민석)가 그것이다. 노래는 지극히 단조로운 음정으로 이루어져 있다. 하지만 노래가 시작되는 순간 슬픔, 분노, 안타까움, 애통함 등의 모든 감정이 마음속에서부터 불을 밝힌다. 가사는 이렇다.

"그리운 이들의 이름을 하나씩 아껴 불러봅니다.
잊지 않겠습니다.
1반 고○○, 김××, 김△△, 김◎◎, 김◇◇…."

세월호 304명의 희생자와 미수습자들의 이름으로만 만들어진 이 곡은 처절하다. 이름만 빼곡한, 10여 분 동안 계속되는 희생자와 미수습자들의 이름은 그 자체로 한 편의 억장 무너지는 비극이다. 이 노래를 들으며 이름이란 것을 다시 생각해본다. 누군가의 이름을 불러준다는 건 어떤 말보다 마음에 울림을 일으킨다. 그 이름에 담긴 인생 전체가 한꺼번에 다가오기 때문이리라. 누군가의 이름을 불러주는 건 상대방에게 따뜻함을 주는 것임을 알 수 있다.

널리 알려진 김춘수 시인의 시 '꽃'을 보자.

내가 그의 이름을 불러주기 전에는

그는 다만

하나의 몸짓에 지나지 않았다.

내가 그의 이름을 불렀을 때

그는 나에게로 와서

꽃이 되었다.

이 구절은 상대방의 이름을 불러준다는 것이 어떤 의미인지를 정확하게 포착하고 있다. 이름을 불러주었을 때 그는 비로소 나에게 의미 있는 사람이 된다. 그런 의미에서 이름은 세상

무엇과도 바꿀 수 없는 무게감을 갖는다. 그 무게감을 지닌 누군가의 이름을 불러주는 것, 이것이 배려 싶은 길문과 어우러진다면 50의 말투는 좀더 나아지지 않을까.

REMIND

'타고난 달변가'가 아닌
'함께하고 싶은 사람'으로 남고 싶다.

# '왜?'라고 묻기 전에
# '그래!'라고 말한다

"왜 카페를 하겠다는 거니?"

"왜 좋은 직장 그만둔 거니?"

"왜 결혼했는데 아기를 갖지 않는 거니?"

특히 젊은 세대를 향한 50의 이런 말들은 최악이다. 기분 좋은 사람이 되어도 모자랄 판에 함께하고 싶지 않은 사람이 되어버리는 말투다. 요즘 젊은 친구들은 아예 "왜냐고 묻지 말라!"고 대놓고 말한단다. 진정 자신들을 걱정한다면 힘 빠지는 소리는 하지 말고 사는 모습 그대로 지켜봐 달라는 요청일 테다. 맞는 말이다. 걱정이 된다면 그들이 운영하는 동네 카페에 가서 커피 한 잔 더 팔아주고, 그래도 걱정이 된다면 슬그머니 팁이라도 주고 나오는 게 옳다. 쓸데없는 말은 그만두고 말이다. 그래도 말을 꼭 한마디 해야겠다면? 모범답안을 제시하니 활용하길 바란다.

"카페를 차린다는 말을 들었을 때, 넌 정말 사장님이 어울린 다고 생각했어!"

"네가 직장을 그만둔 걸 보니 정말 그 회사가 X 같았던 게 틀 림없어!"

"너희 둘만의 생활에 충실할 줄 아는 모습이 당당하고 멋 져!"

이렇게 말할 수 없다면, 제발 그 입 다물라.

새로운 맛을 느끼면 머리가 좋아진다는 말이 있다. 낯선 감 각을 받아들이기 위해 뇌가 긴장하고 반응하기 때문이란다. 또래의 친구를 만나기보다 40을, 30을 그리고 20을 더 만나야 한다. 그들의 감각을 있는 그대로 받아들일 줄 알 때 딱딱해진 50의 머리도 유연해진다. 어떤 사람을 만나느냐에 따라 우리

삶의 색깔은 달라진다. 늘 그렇고 그런 사람들, 늘 만나고 또 만나는 사람들의 영역에서 벗어나지 못해서는 지식과 경험과 도전의 범위 역시 늘 거기서 거기일 뿐이다.

쓸데 있는 소리도 한 번으로 충분하다. 하물며 쓸데없는 소리는 그 한 번조차 누군가에는 불편함이요, 귀찮음이다. 특히 '왜'라는 말이 그렇다. 누군가를 이른바 취조하듯 몰아붙이는 '왜'라는 말, 하지 않는 게 옳다. '망치를 들면 모든 게 못으로 보인다'라는 말처럼, '말투라는 망치'로 누군가를 함부로 치려는 시도부터 자제해야 하는데 그건 우리의 말속에서 섣부른 '왜'를 과감하게 뺄 때 가능해진다. 그러니 50이라면 '왜'를 반복하며 상대방의 걱정을 부추길 게 아니라 '그래'를 말하면서 걱정을 이겨낼 수 있도록 힘을 주는 게 맞다.


50이 됐다. 솔직히 노후에 홀로 외롭게 생활할 나의 모습을 아주 가끔 그려보게 된다. 두렵고 답답하다. 내 주변의 사람이 떠나갈 것을 상상하면 좌불안석이 되고, 이미 실제로 떠나간 사람을 향해서는 욕이 나오려 한다. 하지만 그런 단절의 감정보다는 여전히 내 주변에 있는 좋은 사람을 생각하며 말투를 다듬는 게 낫지 않을까. 사람들이 돌아오게 하고 싶다면, 나이가 들어서도 함께 살아갈 아름다운 사람들로 가득 채우고 싶다면, 누군가의 모습을 함부로 탓하는 말투가 아니라, 누군가의 모습에 '왜'를 퍼붓는 말투가 아니라, 50이 될 때까지 가꿔온 지혜를 차분하게 나눠주려는 말투가 우선이다.

**새로운 맛을 느끼면 머리가 좋아진다.**
**낯선 감각을 받아들이기 위해 50이 애써야 하는 이유다.**

# 잘 알지도 못하면서
# 섣부른 위안의 말을 건네지 않는다

사람에 치이고 일에 치이던 나, 문득 나이를 세어보니 50이 되어 있었다. 휘청거리는 나에게 누군가는 '이제 목에 힘 좀 풀고 살라'며 조언 비슷한 지적을 했지만, 그런 마음을 받아들이기에는 마음이 이미 팍팍해져 있었다. 그동안 나는 세상에는 생존과 패배라는 오직 두 가지 선택지만 있는 것처럼 느끼고 살아왔다. 지금까지 살아온 '50의 나'라는 결과지를 받아들고 보니 더욱 그렇다.

그래서일까. 누군가를 믿기보다는 그를 시기했고 미워했으며 잘못되기를 바랐다. 내가 그 누군가보다 더 잘나기를 원했고 또 그렇게 일상의 방식을 세팅했다. '혼자 해내야 한다'는 것을 신조처럼 받들게 됐다. 지금 생각해보면 세상의 모든 짐을 혼자 짊어지려는 무모함이었다. 각자도생各自圖生이 원칙이 되어버린 세상이긴 하지만, 그럼에도 사람에 대한 애정만큼은, 관계에 대한 존중만큼은 함부로 팽개쳐서는 안 됐다. 50이 되었음에도 주변에 괜찮은 사람 몇 명조차 지원군으로 만들어두지 못한 나를 먼저 반성한다. 나의 잘못이다. '같이의 가치'를 인정하고 좋은 사람과 좋은 시간의 양을 늘리며 일상을 보낼 줄 알아야 했다. 그렇게 하지 못했던 나의 모습, 아쉽다.

하지만 이제 고작 반半만 살아내지 않았는가. 앞으로 남은 그 아득한 나머지 반을 생각하며 반전의 계기로 삼는다면, 오히려 의미 있는 일 아닐까. '실수에 어머니가 있다면 그 어머니는 바로 타성이다'는 말이 있다. 지금까지의 관계 실패에 낙심하고 자포자기만 하지 않는다면, 변화하려는 나 자신의 모습을 미래의 행복과 연관 지어 생각하고 또 행동한다면 과거의 실패를 미래의 성공으로 전환할 수도 있을 것이다.

이를 위해 나는 우선 사람과의 적절한 거리 두기에 익숙해지기로 했다. 인간관계란 서로의 영역을 존중하는 한편으로, 사람 사이에 놓인 거리를 조절하는 것이기 때문이다. 사실 나는 이 거리 조절에 늘 실패했었다. 예를 들어 나는 주변 사람이 힘든 상황에 처해 있을 때 섣불리 다가섰다. 섣부르게 다가가는 것 이상으로 더 급하게 따져 묻곤 했다. 그보다 더 성급하게 답을 주려고 애썼다.

"도대체 왜 그래, 응? 말해봐. 어서 말해보라고!"

"뭘 그런 것 갖고 그래. 그건 이런 거야. 몰랐어?"

나의 말들은 상대방의 영역을 침범하는, 서로의 거리를 존중하지 못하는 섣부른 태도였다. 나는 이렇게 말했어야 했다.

"넌 혼자가 아니야. 힘들면 나에게 말해줘."


머리로 답을 찾으며 삶을 살아왔기에 마음으로 상대방을 배려할 줄 모르는 말투에 익숙했다. 그러니 상대와의 거리는 점점 멀어지고 관계가 어색해질 수밖에 없었다. 그저 잘 들어주기만 해도 충분한데 "응, 그건 이렇게 하면 돼!"라고 답을 말해주려고 애썼던 나를 반성한다. 나만의 경험에 머물러 있는 내 생각은 '잘 알지도 못하는' 나와 다른 누군가에게는 해법이 아니라 답답함이라는 사실을 미처 생각하지 못했다.

지금까지 나의 성급한 말투가 얼마나 많은 사람에게 상처를 주었을지 가늠이 되지 않는다. 그래 놓고는 왜 사람들이 나를 떠나는지, 왜 내가 방향을 잃고 있는지도 몰랐다. 사람도, 일도 모두 떠나가는 것을 고개를 갸우뚱하며 바라보고만 있었다.

상대방이 하는 말을 있는 그대로 받아들일 줄 아는 나, 상대방의 미숙한 세상살이를 함부로 평가 절하하지 않는 나, 곁에서 아무 말없이 조용히 미소를 보낼 수 있는 나였어야 했다.

힘들고 어려울 때 그저 다가와서 "함께 있어주는 것 말고 할 줄 아는 게 없어서 미안해"라고 말하며 곁에 있어준 선배를 '인생의 선배'라고 회상하던 한 후배가 기억난다. 나는 왜 그러지 못했을까. 왜 삿대질을 하고 질책을 하며 아는 체만 했을까. 이제 50이 되었으면 그런 짓은 그만해도 될 텐데 왜 여전히 고집을 피웠던 걸까. 잘 알지도 못하면서 지적하고, 충고하고, 아는 척하는 사람…. 그 사람이 나였다니 부끄럽다.


최근에 읽은 소설 하나가 기억난다. 성석제 작가의 《투명인간》이다. 읽는 내내 착하디착한 주인공 '만수'의 고통에 마음이 아팠다. 이 소설의 에필로그는 이렇게 끝난다.

'소설은 위안을 줄 수 없다. 함께 있다고 말할 수 있을 뿐.'

간단하지만 이 문장이 품고 있는 깊고 넓은 뜻을 곰곰이 생각해본다. 50의 나에게 필요한, 적절한 거리를 두는 말투란 이래야 하는 것 아닐까. 특별한 위안을 주려고 섣불리 다가가기보다는 적당한 거리를 지키며 그저 옆에서 함께 있어주는 것말이다.

머리로 답을 찾는 것은 그만둔다.
마음으로 상대방을 배려하는 것에 익숙해진다.

# 난처한 상황에서는
# 깔끔한 거짓말로 대처한다

한 만화 작가는 이렇게 말했다.

"내가 싫어하는 사람은 만화에 등장시키지 않는다. 가능하다면 싫은 사람과는 어울리고 싶지 않다."

만화를 그리는 것은 그 등장인물과 함께 호흡하는 것이기 때문에 아예 그리지도 않는다는 그의 말이 현명하게 느껴졌다. 맞다. 굳이 싫은 누군가를 나의 일상에 등장시킬 이유는 없다. 어울리고 싶지 않은 사람이 있다면 그가 나의 생활 영역에서 가능한 한 멀어지길 바랄 터이다. 50이 되어서까지 어울리고 싶지 않은 사람이 된다면 그건 얼마나 슬픈 일일까.

내가 웃으면 세상이 웃는다. 하지만 그 반대가 되면 문제다. 세상이 울면 나도 운다. 50이면 그동안 상처받았던 몸과 마음을 돌봐야 할 시기다. 마데카솔을 마음 한구석에 덕지덕지 발라서라도 새살이 돋아나게 해야 할 판이다. 하루가 다르게 (정말 하루가 다르다!) 삐걱대는 몸을 추스르는 것도 물론 중요하지만, 그만큼 더 필요한 게 있으니 구멍 난 심장을 말끔히 메우는 일이다.

그래서 필요하다. 누군가와 적절히 거리를 두는 연습이. 50에게 필요한 일상의 기술이라고 감히 말하고 싶다. 기분 나쁜 메일에는 답장을 하지 않아도 된다. 싫어하는 짓을 시키는 사람이 있으면 응하지 않아도 된다. 이제 50이니 그래도 된다. 그럼에도 뭔가 거리를 두는 것이 힘들다면? 기억해두어야 할 키워드가 있다. '깔끔한 거짓말'이 그것이다. 30대 초반의 여성으로부터 들은 얘기인데 50인 우리들에게도 결정적 순간에 현명한 선택으로 활용할 수 있을 것 같아 소개한다. 라틴댄스 바를 찾아다니며 '춤맛'에 빠진 어느 날, 그에게 춤을 가르쳐준 선생님한테 전화가 왔단다.

"내가 급히 쓸 돈이 생겼는데, 마침 잔고가 없어서 출금이 안 되네? 지난번에 말하는 걸 얼핏 들었는데 네가 여유가 조금 있는 것 같아서 말이야. 얼마 안 되는데…, 400만 원만 내 계좌로 보내주면 안 되겠니? 이번 달 안에 이자까지 쳐서 꼭 갚을게."

잠시 머뭇거린 그 여성은 이렇게 답했다.

"아, 그때 제가 말할 때 옆에 계셨군요. 그런데 어쩌죠? 그 돈, 이미 주식투자로 날렸어요. 다음 달 월세도 내야 해서…, 오히려 제가 돈을 빌려야 할 것 같아요. 혹시 이번 달 지나고 여유가 되시면 그때 좀 도와주세요. 연락드려도 되죠?"

'선생이란 사람'한테서 더는 연락이 없었단다.

나는 이 여성의 말투가 마음에 든다. 내가 해내지 못했던 말투를 한 방에 해치워(!) 버리는 씩씩한 말투가 아닐까 싶다. 요즘 이런저런 이유로 상황이 어려워지니 주위 사람들과 대화를 나눌 때 아무래도 돈에 관한 이야기가 자주 오간다. 그때 혹시 난처한 제안을 받게 된다면? 얼버무리면서 괜히 미안해할 이유가 없다. 이 여성처럼 때로는 깔끔한 거짓말로 적절한 관계의 거리를 유지하면 된다.

내 인생의 평안을 위해서라도, 피 같은 내 돈을 존중하는 마음에서라도.

내가 싫어하는 사람은 악당이라도 내 작품에 등장시키지 않는다.

싫은 사람과 굳이 어울릴 이유가 없기 때문에.

# 나의 실수에는 엄격하게
# 타인의 실수에는 관대하게

최선을 다한다는 말만큼 잔인한 말이 또 있을까. 최선? 무엇을 위해? '무작정의 최선', '무조건의 극대화'만큼 사람을 지치고 피폐하게 하는 것도 없는 것 같다. 이쯤에서 나부터 반성해본다. 직장에서 그리고 집에서 나의 말투는 늘 이랬다.

"수단과 방법을 가리지 말고 어떻게 해서든지 이루어내라!"

"이뤄내지 못하면 이해는 할 수 있지만 용서할 수는 없다."

이건 말이 아니다. '말로 하는 폭력'일 뿐이다. 그런데 나는 그걸 몰랐다. 상대방의 용기를 함부로 짓밟아버리곤 했다. 상대가 스스로 어려움을 극복할 기회를 빼앗아버리는 것에 거리

낌이 없었다. 늙으면 얼굴보다 마음에 더 많은 주름이 생긴다고 몽테뉴가 말했다 하는데 나는 늙으면서 얼굴보다 말투에 더 굵은 주름이 생겼던 듯하다. 어떻게 나이 들어야 하는지 몰랐던 내가 50이 되어서야 비로소 조금이나마 나의 말투에 관심을 두게 된 것만이라도 다행이라는 생각이 든다.

나는 이제 "그 정도면 충분해"라는 말투를 때와 장소를 가리지 않고 사용하고 싶다. 이는 상대방의 실수 자체에 포커스를 맞춰서 모든 것을 판단하려는 나의 어설픈 생각만 바로잡아도 가능해진다. 이제 나는 나와 다른 그들이 어두운 게 아니라 침착한 것이었고, 굼뜬 게 아니라 신중한 것이었음을 인정한다. 실패만 하고 있었던 게 아니라 기꺼이 도전하고 있었던 그들을 격려하고 싶다. 문제의 원인을 지적해봐야 용기만 빼앗을 뿐이니 가능성에 집중하는 내가 되기로 했다. 한 치의 실수도 용납하지 않았던 나의 모습에서 벗어나려는 것이다.

나이 그 자체의 무엇인가가 나를 실수와 실패에 조금은 관대해지게 만든 것 같기도 하다. 하지만 여기서 조심해야 할 게 있다. 나의 실수와 실패에도 관대해지려 해선 절대 안 된다. 상대방에 대한 실수에는 고개를 끄덕이지만, 나의 실수에는 고개를 갸우뚱하는 용기를 지녀야 한다. 상대방의 문제 행동보다 나의 문제 행동에 먼저 조심하려는 것이다. 50이라면 더더욱 이러한 마음가짐은 중요하다.

실패나 실수와 멀어지는 방법이 있다. 여유로우면 된다. 그리고 상대방의 좋은 점을 발견해내려 하고 또 상대방의 기쁜 점을 찾아 함께 기뻐해주면 된다. 인간관계에서 '잘 알지도 못하면서' 누군가에게 이래라저래라 하는 자신을 발견했다면, 그렇게 관계적 실수를 하고 있는 자신을 알아차렸다면 데일 카네기Dale Carnegie를 만나보는 것도 괜찮다. 본격적인 '자기계발서'의 선구자라고 불리는 그는 우리가 배워볼 만한 삶의 기술을 많이 남겼다. 그 기술이란 곧 인간관계에서 실수를 줄이는 방법이었다. 일테면 '상대방의 생일을 기억했다가 축하 편지(지금으로 하면 축하 메일 정도 되겠다)를 보내는 것'이 그것이다.

그는 자기 주변 사람들의 생일을 알려고 애썼단다. 생일이 언제냐고 직접 물어보기도 했지만, 보통은 "사람의 생년월일과 성격, 기질에는 무엇인가가 관계가 있다"라면서 간접적으로 물어본 것이다. 상대방이 생일을 말하면 기억했다가 집에 돌아와서 메모해두고, 매해 첫날 달력에 표시했다. 생일이 되면 축하 편지를 보냈다. 카네기는 말한다.

"그의 생일을 기억하는 사람이 세상에 오직 나뿐인 경우도 많았다."

누군가와 만났을 때 어떻게 해서든지 생일을 알아내고 또 그것을 기억해서 생일에 축하 편지 한 통 보내는 것, 그것만으로도 '잘 알지도 못했던 그들'을 '조금이나마 아는 그들'로 만들 수 있고 또 가까워질 수 있을 테다.

카네기의 조언은 계속된다. 생일 날짜를 알아내고 그 생일을 축하하면서 누군가에게 함부로 말하고 행동하는 것을 줄일 수 있었다고. 알면 함부로 하지 못한다. 알게 되면 조심스러워진다. 그 시작은 대단한 게 아니었다. 상대방의 생일을 알아내려는 노력에서 비롯됐다. 이 정도면 50인 우리도 충분히 해볼 만한 인간관계 개선의 기술 아닐까. 우리는 그동안 급하게 살아왔다. 그래서인지 누군가와 좋은 관계를 맺겠다고 생각하면 일단 '들이대기'부터 한다. 그렇게 섣부른 관계 맺기를 시도하다 결국 실패와 실수로 자신을 망친다.


50의 인간관계에는 여유가 있어야 한다. '최선'과 '극대화'만 부르짖으면서 실제로는 실수로만 가득한 인간관계는 이제 그만둘 때도 됐다. 삶의 목적은 극댓값을 찾는 게 아니다. 우리를 살아가게 하는 힘은 가득 찬 항아리가 아니라 그 안의 여백에 있다. 이제 'A⁺'가 아니라 'B⁺'의 삶을 지향해야 한다. A⁺를 B⁺로 낮추기 위해 거꾸로 노력해야 한다. 무모한 목표를 잡고 성과에 집착하다간 더는 아무것도 해내지 못한다. 1등, 맥시멈 maximum, 정상頂上 같은 처절한 단어보다는 여유, 실행, 행복 같은 키워드에 익숙해져야 하는 이유다.

실수만 하지 않아도 괜찮다. 실수를 하지 않으려면 오히려 여유가 있어야 한다. 그런데 이보다 더 중요한 것이 있다. 실수를 저질러 파편을 맞았더라도 그 파편에 맞아 괴로워하지 않는 세상을 만드는 것에 일조하는 것이다. 한 IT 회사의 사장은 이것저것 시도하지만 실패를 거듭하는 개발자에게 "당신의 실패가 나를 도울 수 있으리라 자신합니다"라며 독려했고, 그 결과 고객이 선호하는 서비스를 만들어냈다는 말을 들었다. 50의 말투는 이래야 한다. 자신의 실수에는 엄격하되 타인의 실수에는 관대하고 긍정적으로 받아들일 수 있는 말투 말이다.

REMIND

늙으면 얼굴보다 '마음'에 주름이 더 먼저 생긴다.
늙으면 얼굴보다 '말투'에 주름이 더 먼저 생긴다.

# 하루에 열 번 '움메'만 해도
# 목소리가 바뀐다

50의 말투에는 50의 목소리가 어울린다. 50의 말투에 30의 목소리, 뭔가 어울리지 않는다. 오글거린다. 나이가 들면 목소리도 변한다. 물론 가래가 끓는 듯한 목소리가 좋다는 건 절대 아니다. 담배 연기와 술에 찌든 50의 목소리는 듣는 것만으로도 짜증스럽다. 얼굴을 보면 살아온 세월이 보인다고 하는데 목소리를 들으면 그의 품격이 보인다는 게 나의 생각이다.

한 여성분과 대화를 나누게 됐다. 우연히 여행지에서 만나게 된 분이었다. 오랜 방황을 거쳐 현재는 싱글로 살고 있는 그분, 언젠가 다시 좋은 남자와 만나 결혼 생활을 하고 싶다고 했다. 그의 이상형은 어땠을까. 돈 많은 사람? 잘생긴 사람? 아니었다. "목소리… 맞아요. 좋은 목소리를 가진 분과 함께하고 싶어요. 콘트라베이스? 바순? 그런 소리를 지닌 남자가 품격 있어 보여요. 바이올린의 목소리를 지닌 남자라면? 매력 없을 것 같아요."

'취존(취향존중)'의 시대다. 그분의 말에 반은 공감하고 반은 반감을 가졌다. 사실 목소리가 뭐가 그리 중요하다고. 그럼에도 문득 나의 목소리를 되돌아보게 됐다. 앗, 바이올린의 목소리 아닌가. 고치고 싶다. 사실 그분이 했던 말과 비슷한 얘기를 이미 들은 적이 있었다. 한참 인문학을 공부할 때의 일이다. 동의보감을 공부하는 과정에서 강사와 수강생들이 이런저런 이야기를 나누는데 한 여성분의 목소리에 힘이 없고 가는 것을 보고 강사가 이렇게 말씀하셨다.

"목소리에 힘을 내지 못하고 있다면 몸이 약한 겁니다. 상대방에게 우습게 보이기도 하고요. 목소리 내는 연습을 해보세요. 간단합니다. 황소의 울음소리를 하루에 열 번만 연습해보세요. '움메!' 자, 다른 분들도 함께해보세요. 아셨죠? '움메' 할 때의 바로 그 소리의 높낮이를, 그 소리의 빠르기를 기억하세요."

나는 목소리가 다소 '하이톤'이다. 게다가 말 속도도 빠르다. 예전에야 그런 걸 굳이 알아차릴 이유가 없었는데 요즘엔 슬슬 나의 목소리 그리고 말의 속도를 교정하고 싶다는 마음이 든다. 말이 빨라질수록 목소리는 높아진다. 높아진 목소리에는 내가 전하고 싶은 본질적 내용이 사라지고 짜증과 분노만 상대방에게 전달될 가능성이 크다. 50에는 50에 맞는 목소리와 말의 속도가 있다. 늦었지만 오늘부터라도 하루에 열 번씩 "움메" 소리를 내어보련다.

**REMIND**

**50의 목소리는
바이올린이 아닌 콘트라베이스.**

# 나의 일과 나의 일이
# 아닌 것을 구분한다

아이들은 싸우는 게 일인가 보다. 싸울 때 하는 말들을 유심히 들어봤더니 늘 비슷한 유형이다. 예를 들면 이렇다. "나보다 수학도 잘 못하면서", "내가 너보다 키가 더 크다고!" 콧수염이 듬성듬성 나기 시작한, 180이 넘는 중학교 3학년, 중학교 2학년 아들 둘이 싸울 때 하는 말이라니 유치하기 이를 데 없다. 내가 수학을 잘하면 되는 거지, 내가 키가 크면 큰 거지, 그게 뭐 그리 중요하다고 말다툼을 하는 걸까. 하긴 나도 어려서 동생과 무던히도 싸웠었다. 네 살이나 차이가 나는데도 "너 이거 알아?", "형은 그럼 이거 알아?" 하면서 투덕투덕 싸웠다.

아이들의 말다툼을 유치하다고 하는 나, 스스로를 되돌아보니 아이들만 탓할 게 아니었다. 대학을 가고 사회생활을 하면서 오히려 '내가 너보다' 병(?)은 더 심해졌으면 심해졌지 덜해지지는 않았던 것 같다. 말로는 표현을 안 했지만 마음속으로는 더 그랬던 것 같다. 학점을 갖고 그랬고, 승진을 두고 그랬다. '내가 왜 쟤보다 성적이 나빠?', '내가 왜 저 인간 밑에서 일을 해야 해?' 그때를 생각하니 괜한 부끄러움에 얼굴이 붉어진다. 나는 왜 늘 내 주변의 누군가를 끌어다가 굳이 비교의 대상으로 삼으려고 했던 것일까. 그 버릇을 50즈음까지 고치지 못했음을 고백한다. 그래서일까. 내 소중한 일상의 시간들을 타인과의 비교에 할애하면서 신경증에 휩싸이기까지 했다. 창피한 일이다. 물론 이제 나의 '내가 너보다' 병을 그나마 알아차리게 되었으니 다행이다. 이젠 가능하면 내 마음을 바꿔보려 노력한다. 이렇게.

"그건 그 사람의 일이지, 나의 일은 아니다."

나의 일인 것과 나의 일이 아닌 것을 적절하게 구별할 줄 알면 말투도 한결 어른스러워진다. 50이라면 가져야 할 적당한 관계의 거리 두기 모습이다. 쓸데없는 열등감을 이겨내는 데 도움이 된다. 오스트리아의 정신의학자 '알프레드 아들러'는 '적당한 거리 두기'를 제대로 해내지 못하는 사람은 매사 타인의 업무에 간섭하고 타인을 지배하려 든다고 말했다. 50이 되기까지의 나를 딱 꼬집어 말하는 것 같다. 그의 말을 인용해본다. "열등감이 극심해지면 과잉 보상을 추구하게 되고 어떤 대가를 치르더라도 타인을 압도하고 말겠다는 정복욕을 품게 된다."

내가 경계하는 말이 있다. "이게 다 너를 위해서야"라는 말이 그것이다. 아이들에게, 또는 후배들에게, 좀더 나아가 내 책을 읽는 나의 독자들에게 '다 너를 위해서야'라고 하는 건 그들에게 피곤함만을 준다는 생각을 비로소 하게 됐다. 내 일(과제)과 남의 일을 엄격하게 구분하고 타인의 업무에 임의로 끼어들지 않으면 자연스럽게 서로를 존중하게 되고, 인간관계도 덜 피곤해진다. 위에서 아래로 시선을 보내며 '그렇게 해서야 되겠어?'라고 누구를 통제하려 하기보다는 상황을 통제하고 조절하는 것의 주체가 상대방임을 인정하면서 '당신을 절대 해치지 않아요'라고 바라볼 줄 아는 50이라면 세상 어떤 세대에게도 인정받을 수 있을 것이다.

'이해'라는 말은 영어로 'understand'다. '이해한다'라는 말은 상대방의 밑에under 서서stand 바라볼 때 가능하다는 뜻일 테다. 누군가에게 말을 건네기 전에 자신에게 물어봐야 한다. 나는 그를 이해하고 있는가.

이해하는지 안 하는지 잘 모르겠다면? 다시 자문해보면 된다. 내가 그의 밑에 서서 바라보며 이야기하고 있는 걸까. 이 마인드를 갖고 있지 못한다면 나의 모든 말은 상대방에겐 '이해 안 되는 쓸데없는 말'일 뿐이다. 타인을 배려하거나 타인을 성장시키기 위해서가 아니라 나의 욕망을 관철하기 위해서 끼어드는 짓을 내가 하고 있는 셈이다.

인간의 존엄이란 '자신만의 것'과 '남이 알아도 되는 것'을 구분하고자 하는 욕구를 충족하느냐의 여부에서 비롯된다고 한다. 내 모든 것을 타인에게 알려주고 싶은 사람은 세상에 없다. 게다가 내 생각과 행동이 나와 다른 타인에게 일방적으로 통제를 받고 있다는 느낌을 받는다면 더더욱 자신의 존엄성에 대한 훼손으로 받아들일 터이다. 우리 모두는 각자 자신만의 한 뼘 공간쯤은 인정받아야만 한다. 누구에게나 사적인 영역이 있어야 하며 또 이를 위해 적절한 거리 두기가 필요하다. 50이라면 그 정도는 지킬 줄 아는 게 맞다.

'기다릴 줄 모르는 마음'이 상대방의 영혼을 훼손한다. 사람을 힘들어하는 사람에게 함부로 접근하고 그만큼 냉정하게 말을 해나가는 것은 어떤 폭력보다 잔인하다. 50이라면 이제 자신의 말투와 행동이 상대방에게 어떻게 받아들여지는지 정도는 한 번 더 생각할 줄 알아야 하지 않을까. 말을 뱉어놓고, 상대방이 힘들어하는 표정을 보면서도 '좋지도 않은 말을 왜 자꾸만 되뇌며 주눅 드는 거야? 그럴 필요 없잖아. 잊어버려'라고 하는 건 사과의 마음을 담았더라도 이미 충분히 잔인하다. 상대방의 영역을 인정해주고 상대방과 자신과의 거리를 존중할 줄 아는 50이라면 그렇게 하면 안 된다.

도둑을 맞은 사람의 경우 낯선 사람이 자신의 공간에 무단으로 침입했다는 사실이 도둑맞은 물건들로 인한 경제적 손실보다 더 큰 충격으로 다가오는 경우가 많다는 이야기를 들은 적이 있다. 50의 말투도 마찬가지다. 상대방에게 비칠 자신의 말투가 다정함과 사랑을 담았는지 늘 점검하지 않으면 큰 실수를 하게 된다. 더는 기회가 없이 딱 한마디만 할 수 있다고 생각하며 대화를 소중히 여기는 말투를 50의 것으로 만들어야 한다. 그게 진짜배기 50의 말투다.

**REMIND**

**우리 모두는 각자 자신만의 한 뼘 공간쯤은 인정받아야만 한다.
50의 말투는 바로 그 공간을 인정해주는 것이어야 한다.**

# '자만'의 말투가 아닌
# '겸손'의 말투에 익숙해진다

50의 친구들, 만나면 하는 말이 있다. "어깨가 무거워." 짐을 내려놓기가 그리도 싫은가 보다. 이제 힘을 빼도 될 때인데 말이다. 어깨에 힘이 잔뜩 들어가 있으니 자기 생각과 다른 것과 충돌하면 화부터 낸다. 나도 그렇다. 멍하니 있다가 스팸성의 투자 권유 전화라도 받게 되면 "야, 너 할 짓 없어서 이렇게 사기나 치고 있는 거야!"라면서 괜한 분노를 폭발시킨다. 그래 놓고서는 '내가 왜 이럴까?'라면서 낯설어진 나 자신을 향해 걱정하는 일을 반복한다.

나만의 마음가짐, 나만의 대화 수칙이 상실된 것 같다. 누군

가에게 큰소리를 치거나 나도 모르게 욕설을 내뱉는 일들도
은근슬쩍 늘었다. 50이나 되었으면서도 까딱하다가는 감정과
생각을 통제하지 못하고 험한 말을 하고 거친 행동을 하게 되
니 하루하루가 걱정이다. 우울감이라고 해야 할까. 우울은 사
람을 밀어내는 작용을 한단다. 사랑했던 사람, 사랑하는 사람
이 나로부터 멀어지는 것을 바라보면서 아득해진 경우가 많은
것을 보면 남의 일이 아닌 것 같다.

내가 남을 싫어하고 남이 나를 싫어한다고 생각했지만 사실
은 내가 나를 싫어하고 있었음을 요즘 알아차리게 되었다. 이
상해진 나의 모습을 직면하고 보니 이젠 나의 괴기한 모습을
상대방에게 들킬 것 같아서 가까운 사람과도 거리를 두게 되
는 일이 많아졌다. 누군가를 피했다. 누군가의 접근을 막았다.
그러다 아예 누군가를 모른 척했다. 그렇게 주위에 사람이 사
라졌다. 도와달라고 해야 할 순간에도 도움을 청하는 대신 괜
한 짜증으로 타인을 어리둥절하게 했다. 50이 되어서 잦아진
일이다. 왜 이렇게 된 걸까.

세상에 대한 의심이 깊어졌기 때문이 아닐까 싶다. 세상은
스스로 만드는 것이다. 자신에게 맞지 않으면, 맞게 바꾸면 된
다. 그런데 나는 나와 다른 세상을 향해 무작정의 무시와 반대
로 맞서려고 했다. 나와 다른 세상을 보면 그 세상과 나 사이의

장애물을 넘고 벽을 허물며 더 가까이 다가가 서로를 발견하고 느끼는 것, 그것이 바로 삶의 목적임을 나는 무시했었다.

인생은 구경만 하는 스포츠가 아니다. 나 자신이 해내야 한다. 내가 해내야 할 것은 무엇인가. 혼자 살지 않는 이상 내 주변의 그 누군가와 아름다운 관계를 유지해내는 것이 그것이다. 이를 위해 필요한 건 새로운 길을 찾아 떠나는 마음이다. 새로운 길을 가고자 한다면 지도가 있어야 한다. 일상에는 기준이 필요한 것이다. 생활 수칙, 마음 수칙, 행동 수칙 등. 하지만 그보다 나에게 필요했던 것은 50다운 말투 수칙이었다. 생각해보니 누군가와 대화를 할 때 나만의 말투 수칙 하나 제대로 없다는 것을 깨달았다. 그러다 나 자신의 기준이 아닌 상대방 입장에서의 말투 수칙이 필요함을 30대의 한 영화감독, 윤가은 씨의 말로부터 알게 됐다.

가족 문제를 해결하려 애쓰는 아이들의 미묘한 심리를 포착한 영화, 《우리 집》을 만든 분이다. 그는 촬영 현장에서 어린이 배우들이 '화장실 가고 싶다'는 말 한마디도 힘들어한다는 걸 알고 충격을 받았단다. 아이들이 자신의 의견 말하기를 주저하는 이유는 촬영 현장이라는 곳이 어른들이 지배하는 세상이라는 데 있다. 그 모습을 본 윤가은 감독은 깨닫는다. 촬영을 잠시

중단하고 스태프들과 함께 촬영장 수칙을 새롭게 만들었다.

- 어린이 배우를 프로 배우로 존중하기
- 머리 정리 등 신체 접촉을 할 때 미리 알리기
- 촬영 준비를 충분히 할 수 있게 배려하기
- 어린이 배우 앞에서 욕하지 않기
- 외모가 아닌 행동에 대해 칭찬하기
- 정해진 시간 내에 촬영 마치기
- 건강 문제 인지하면 보호자와 공유하기
- 이동 등 어떤 경우에도 혼자 두지 않기
- 말과 행동에 모범 보이기

(출처: 동아일보, 2019년 8월 15일)


윤 감독이 만든 아홉 가지 수칙은 갑작스레 만들어진 것이 아니었다. 그가 이전 영화였던 《우리》를 촬영하며(나 역시 아이들과 함께 온 가족이 이 영화를 본 기억이 난다. 아이들이 영화를 보고 나서 많은 생각을 하던 것이 흐뭇하게 기억에 남는다.) 겪은 시행착오의 결과물이란다. 어린이 배우 중심의 현장을 만들기 위해 윤 감독은 캐스팅 때부터 이들과 오랜 시간 면담하고 아이들의 언어로 대사를 고쳐 썼으며 연출부는 '가정통신문'을 만들어 이들과 소통했다고 한다.

그 수칙 하나하나를 들여다본다. 그리고 50인 나는 윤 감독으로부터 일상을 살아가는 지혜, 관계를 만드는 마음가짐을 한 수 배운다. 나는 그동안 어떻게 말하고 행동해왔던가. 나의 후배들에게, 나의 아이들에게 어떻게 말하고 행동했는지 머리에 떠오르면서 손발이 떨릴 정도로 부끄러웠다. 그들을 하나의 존재 자체로 존중했는가. 그들에게 내 생각을 잘 설명하며 알려줬던가. 그들이 조금이라도 늦으면 "빨리빨리"라며 재촉하지 않았던가. 그들 앞에서 쌍욕을 하고서도 미안해하지 않았던가. 나 자신이 모범이 되고자 노력했던가.

특히 아이들을 향한, 젊은 친구들을 대하는 나의 말들이 부끄러웠다. "아직도 소아병에서 헤어나지 못하고 있는 거 아니야?"를 말하던 나, 과연 나는 어른의 자격이 있는 사람일까. 50의 말투를 갖고 있었던 것일까. 소아병小兒病이란 무엇인가. '어린이에게 자주 생기는 내과적인 병'을 지칭한다. 그런데 우리는 이를 하나의 '수준 낮음', '상대할 가치가 없음' 등의 용어로 사용해버린다. 사실 나뿐만이 아니다. 정치인도 마찬가지다. 한 유력 정치인도 "그는 피아 식별조차 못 하는 정말 소아병에 걸려 있는 것 같습니다"라며 다른 정치인을 비판했다. 피아 식별조차 못 하는 건 자기 자신이었음에도 말이다.

이쯤에서 고백해본다. 나의 잘못된 말과 행동들, 그동안 나는 이것들을 '시간이 지나면 잊히는 것들'로 생각했었다. 이기적인 생각이었다. 나에겐 사라질 기억 중의 하나였겠지만 상처는 온전히 나의 말과 행동을 받아내야 했던 그들의 몫이었기 때문이다. 이런 나의 잘못은 내 나름의 대화 수칙 하나 제대로 만들지 못한 이유 때문이다. 50이 되어 이를 고쳐본다. 말하고 행동할 때는 내 나름의 규칙을 정하고 그에 맞게 행동하고 말하려고 하는 것이다.

어린이 배우들과 여러 수작을 만든 일본의 고레에다 히로카즈 감독은 에세이 《영화를 찍으며 생각한 것》에서 아이들을 필름에 담는 이유를 이렇게 말했단다.

"완전히 사회 일원이 되지 않은 아이의 눈을 통해 우리가 사는 이 사회를 비평할 수 있기 때문입니다."

어린이의 눈으로, 아니 나보다 약한 사람의 눈으로 세상을 볼 줄 아는 50이 되고 싶다. 50은 건방을 떠는 나이가 아니다. 50은 겸손에 익숙해질 나이다. 노화는 몸보다는 영혼을 먼저 흉하게 만들며, 말투를 먼저 엉망으로 만든다. 말을 할 것인가. 그렇다면 50에 어울리는 '우아한 대화 수칙 하나' 정도는 자신에게 선물할 줄 알아야 한다. 50이 되어 새롭게 세상과 만나기 위해 그 무엇보다 우선되어야 할 과제다.

노화는 몸보다는 영혼을 먼저 흉하게 만들며,
흉해진 영혼이 말투를 더럽히고 결국 관계를 파괴한다.

# 나의 존재를 드러내는 대신
# 타인의 존재를 존중한다

太上, 不知有之(태상, 부지유지)

노자의 《도덕경》에 나오는 문장이다. '태평한 세상이란, 도가 있는지조차 알 수 없는 세상'이라는 의미다. 이렇게 해석하면 어떨까 한다. 최고의 리더란 존재하는지조차 느껴지지 않을 만큼 한 발짝 물러서 있는 자연스러운 존재라는 것. 이제는 권위적인 리더, 부하에게 일일이 간섭하고 디테일까지 정해주는 리더가 인정받기 어렵다고 한다. 민주적인 사회 분위기 속에서 자라온 세대들에게 강력한 카리스마를 뽐내며 '나만 옳다'고 말하는 리더? 솔직히 나부터 피하고 싶다. 그렇다면 최고의 50이란? 그렇다. 존재하는지조차 느껴지지 않을 만큼 한발짝 물러서 있는 자연스러운 존재여야 한다.

내가 아는 한 조직의 리더가 있다. 자신의 권위를 앞세우기보다 상대방의 마음을 궁금해하는 멋진 어른이다. 60을 넘었지만 여전히 그의 주변에는 남녀노소를 가리지 않고 사람들이 '우글우글'하다. 그에 관한 일화다. 직장에서 자신이 주관하는 회의를 열었다. 그런데 직속 부하가 자리에 없었다. 지각을 했던 것이다. "조금 늦는 것 같습니다"라는 다른 부하 직원의 말에도 미소만 지었다. 몇 분이나 흘렀을까. 직속 부하가 허겁지겁 들어와 자리에 앉는 모습을 보면서 한마디했단다.

"실장님, 그 자리를 넘보는 사람들이 많았어요."

그렇게 웃음꽃을 끌어냈다. 회의 시작과 함께 자연스럽게 '아이스-브레이킹(ice-breaking, 처음 만났을 때 어색하고 차가운 분위기를 깨뜨리는 것)'을 한 것이다.

나라면 어땠을까. 일단 한숨을 쉬었을 것 같다. 갖고 있던 볼펜으로 책상을 탁탁 쳤을 것이다. 그러고 나서야 비로소 "다른 사람들이 다 기다리는데, 이렇게 늦게 와도 됩니까?"라고 한마디했을 것이다. 50이 되어서야 깨닫는다. 누군가의 실수에 대해 인상을 쓰지도, 타박을 하지도 않는 것이 바로 50의 품격이라는 것을. 타인의 곤란함에도 웃어넬 줄 알고 거기에 적절한 농담 한마디라도 하면서 부하 직원이 민망해하지 않게끔 배려하는 동시에 전체적인 회의 분위기까지 화기애애하게 끌어올리는 기술을 제대로 갖춰야 50답다.

존재감은 탐하지 않을수록 오히려 존재감이 드러난다. 나의 존재감을 내세우려고 누군가의 잘못에 대해 힐난과 비판으로 윽박지르는 게 아니라 오히려 여유와 따뜻함으로 감싸고 소통을 끌어내는 것, 그것이 50이 된 나 자신이 앞으로도 남아 있을 수없이 많은 날을 위해서 반드시 가져야 할 삶의 태도다. 나를 악착같이 드러내려고 하기보다는 남을 높이는 말투를 쓸 때, 나는 내가 굳이 드러내려 하지 않아도 남들이 멋지게 보아주는 50이 될 수 있을 것이다.


가벼운 사례이지만 이와 비슷한 사례가 하나 더 있다. 중견 기업의 한 CEO가 임원회의를 주재하는 자리였다. 그는 젊은 세대와의 소통에 관심이 많았다. 소통의 전제는 폐쇄형의 비밀스러운 조직 문화가 아니라고 생각했던 그는 회의를 할 때 늘 사원이나 대리 등 젊은 친구들을 초대하여 참관하게 했다. 그러던 어느 날이었다. 회의가 끝날 무렵 CEO는 참관하면서 회의를 본 한 사원의 질문을 받게 됐다. 온라인마케팅부서에 있는 구성원이었는데 마케팅 비용을 좀더 높여달라는 말이었다. 그 말을 집중해서 듣던 CEO는 갑자기 누군가를 찾는 것처럼 여기저기를 돌아보더니 말했다.

"재무 담당 임원님, 듣고 계십니까?"

그러고는 사원을 향해 웃으며 이렇게 이야기했다.

"말씀 잘 드렸습니다. 재무 담당 임원님, 잘해주실 거죠?"

난감할 수 있는 상황을 센스 있게 모면하는 CEO의 기지가 빛나는 장면이다. 그런데 그냥 웃고 넘길 수 있는 이 모습을, 나는 무척 흥미롭게 느꼈다. 그는 누구인가. CEO다. 얼마든지 "네, 알겠습니다. 제가 해결해드리죠"라고 할 수 있는 위치다. 그러나 그는 말을 아꼈다. 자신의 권한이 아니라고 말이다. 불편한 분위기를 유쾌하게 전환하면서 말이다. 이런 모습은 자신의 위치는 물론 자신이 해야 할 일과 하지 말아야 할 일을 정확히 인식하고, 순간적으로 판단할 줄 알았기에 나올 수 있었을 것이다.

사실 리더는 부하가 하는 일에 책임을 지는 사람이지, 부하의 일을 대신 해주는 사람이 아니다. 아무리 CEO라도 아랫사람의 권한까지 함부로 침범해선 안 된다. 아랫사람이 해야 할 외사결정까지 자신이 직접 하려고 나서는 일은 더더욱 있을 수 없다. 그것은 리더의 자격이 없는 사람이나 하는 행동이다. 50의 모습 역시 마찬가지다. 누군가의 일에 책임을 지는 모습이 아름답지, 누군가의 일을 대신 해주고 생색내는 모습은 그리 유쾌하지 못하다. '옛날엔 이렇게까지 하지 않아도 됐는데…'라면서 뒤를 돌아보기보다는 '언제까지나 50일 수는 없어'라며 현재가 흔들리지 않도록 노력하는 것이 50다운 모습이다.

물론 늘 편하고 가벼운 말투만 사용하라는 건 아니다. 언제나 가벼운 말을 입에 달고 있는 사람은 쉽사리 신뢰를 얻기 어렵다. 그러나 평소 진중한 언행을 보여주는 사람이, 모두가 불편할 수 있는 상황에 던지는 가벼운 말 한마디는 어떤 진지한 이야기보다 강력한 힘을 지닌다. 50이 됐다고, 나이가 들었다고, 직급이 높아졌다고, 목소리를 깔고 인상을 쓰며 자신의 존재감을 드러내려 하기보다는 편안한 분위기를 만들며 자신의 존재를 낮추는 것이 결국에는 진정한 존재감을 얻는 방법이다. 나중에 이 시절을 돌이켜봤을 때 '난 최선을 다했어'라고 자신을 칭찬하기를 원한다면 자신의 존재를 탐하기보다는 타인의 존재를 존중해주는 말투를 선택해보는 것이 어떨까.

태평한 세상이란, 도道가 있는지조차 알 수 없는 세상이다.
태평한 말투란, 말을 했는지조차 알 수 없는 말투다.

# 3장

# 나를 낮출수록
# 품격은 올라간다

• •

무리하게 자신을 크게 보이려 하지 않는 것이 중요합니다.

동시에 스스로를 값싸게 여겨서도 안 됩니다.

지금 여기에 존재하는 한 인간으로서 나를 있는 그대로 인식하는 것,

바로 그것이 자연스러운 것입니다.

— 강상중

# 말부터라도
# 내가 먼저 대접한다

영화감독을 하는 친구가 있다. 10년 전쯤, 그 친구와 맥주 한 잔을 하다 영화감독의 매력에 대하여 물었더니 그 친구는 말했다.

"너 그거 알아? 내 말 한마디에 수백 명이 동시에 움직이고, 내 말 한마디에 수백 명이 멈추는 거."

그 말을 들을 때는 "와, 죽이는데!"라면서 추임새를 놓았지만, 지금 같으면 이렇게 말해줄 것 같다.

"너, 그러다 은퇴하면 우울증 걸릴지도 몰라."

권위에 익숙한 삶을 살던 그 친구, 다행히 인간적인 면모를 잃지 않아서 내 걱정은 기우가 됐다.

　대접받기, 이제 그만두자. 솔직히 누군가가 나에게 깍듯이
대하는 것을 보면 여전히 기분 좋은 것은 사실이다. 하지만 50
이 넘어서까지 그런 대접에 목말라한다는 건 유치하다. 어떻
게 늙어야 할지 아는 사람이 아니다. 젊었던 날의 치기가 아닌
이상 여전히 누군가의 시중을 받고 즐거워하는, '그저 그런 인
간'이 되는 것은 이제 그만두는 게 맞다. 대접이란 '사람 자체'
에 대한 것이 아니라, 직책이나 직업에 대한 것이라는 당연한
사실을 알게 됐기에 더욱 그렇다. 대접에 익숙한 사람은 일이
사라지면 자신도 무너진다. 그 참담함, 그 파국의 날을 기다리
면서 가슴 졸이는 것만큼 한심한 짓이 또 어디 있겠는가.

　대표이사 김범준
　변호사 김범준
　의사 김범준

　앞에 뭔가 직책이나 직업이 붙기에 가능한 대접받기, 죽기
전까지 평생 듣고 살 수 있다면 모르겠지만 어쨌거나 50인 우
리에겐 은퇴의 시기가 머지않은 것이 사실이다. 은퇴하고 나

서 내 이름 앞에 붙는 말, 즉 '타이틀'이 떨어져 나간 다음에 '오 직 내 이름 석 자' 딱 그것만으로 세상과 맞서기 위해서라도 대 접받는 것, 아니 대접받으려는 생각만큼은 다시 하지 않는 게 어떨까. 예방주사를 맞듯이 내 이름 앞에 붙는 무엇인가를 미 리 제외하고 세상과 소통하겠다고 다짐 또 다짐해야 한다.

대접을 거부한다. 대신 접대하기를 선택하겠다. 그래도 조금 여유가 있을 때, 아직 경제적 능력이 바닥으로 떨어지지 않았 을 때부터 대접받는 걸 그만두고 접대하는 데 익숙해지겠다는 말이다.

"괜찮아. 이건 내가 살게! 대신 커피는 네가 사라!"

최소한 이 정도의 말이라도 하는 내가 되고 싶다. 접대하고 나서도 상대에게 그 이상을 얻으려고 바라지도 않겠다. 간신 히 바꾼 말투를 마음속 깊이 똬리를 틀고 있는 '대접받던 때의 추억(?)'을 소환해 엉망으로 만들지 않겠다는 다짐이다.


오만은 어리석은 자들의 전유물이라고 한다. 오만은 자아 가 없는 자들의 거만함이라는 말도 있다. 대접받아온 시간, 50 이 되도록 많았으면 많았지 적지는 않았을 터이다. 타율적 종 속의 위치에 있는 후배들, 아이들, 그리고 수많은 '을乙'의 겁먹 은 눈을 거만하게 내려다보던 우리 모습, 이젠 반성하고 성찰

하는 자세로 꼼꼼히 지워나가야 한다. 이해가 따르지 않는 순종은 맹목적인 복종에 불과하다. 대접받았던 날들을 기억에서 지우지 못하고 누군가의 복종에 취해 있다가, 어느 날 갑자기 혼자만 남아 있는 자신을 발견하게 되지 않기를 바란다. 내가 주어야 할 것이 무엇인지를 고민하는, 접대의 달인이 되겠다고 다짐해본다.

REMIND

어떻게 늙어야 하는지 아는 사람은
대접받기보다 접대하기를 택한다.

# 경험은 결코
# 나이 들지 않는다

목표가 있다. 직장 생활을 죽을 때까지 하는 것이다. 젊은 사람들이 들으면 노인네가 주책이라고 투덜대겠지만 어쩔 수 없다. 미안하지만 그러고 싶다. 불가능한 일이지만 희망이라도 품는 건 괜찮지 않은가. 일을 하고 싶다. 마지막 호흡을 하는 그 순간까지.

"사랑하고 일하라, 일하고 사랑하라, 그게 삶의 전부다."

멋진 말이다. 그래서 나는 사랑하고, 일하고 싶다. 그게 없으면 나의 삶도 없는 것이기에. 영화 〈인턴〉의 대사다.

이 영화는 일흔 살의 인턴과 서른 살의 CEO에 관한 이야기다. 줄거리는 이렇다. 창업 1년 반 만에 직원 220명의 성공 신화를 이룬 줄스 오스틴은 수십 년간의 직장 생활로 축적된 노하우와 나이만큼 풍부한 인생 경험을 가진 벤 휘태커를 인턴으로 채용한다. 70의 인턴과 30의 CEO? 사건 사고가 벌어지지 않을 수 없다. 그런데 이 사건 사고들, 어처구니없는 모습이 아니라 따뜻한 장면들로 가득하다.

주인공인 벤의 태도를 더욱 돋보이게 하는 게 그의 말투다. 그는 나이 어린 사장님에게, 그리고 그보다 더 젊은 직장 동료들에게 이래라저래라 하는 법이 없다. 사장이 그의 능력을 반신반의하며 아무런 일도 맡기지 않았기에 벤은 할 일이 없었다. 그렇지만 '왜 나를 못 믿어?'라며 불평하는 대신, 쓰레기장을 방불케 하는 사장의 책상을 정리하는 등 스스로 일을 찾아 나섰다. 그는 일단 행동으로 선한 영향력을 보여준다. 그러고 나서야 진중함과 배려를 가득 넣은 말로 소통한다.

그는 주변의 동료들에게 이렇게 말한다.

"옳은 일을 하는 것은 결코 잘못이 아닙니다."

"손수건을 갖고 다니는 가장 큰 이유는 빌려주기 위해서죠."

"경험은 나이 들지 않아요. 경험은 결코 시대에 뒤떨어지는 법이 없죠."

이런 것이 평생 현역으로 뛰고 싶어 하는 50에게 필요한, 품격 있는 말투 아닐까.

　이전의 세상에서 통했던 것 같은 말투를 가지고 다가올 미래를 준비하겠다는 마음이라면 다시 생각하자. 돈벌이를 하느라 무채색이 되어 직장에 다녔던 50이, 컬러가 선명해진 요즘 세대에게 무채색을 강요하는 말을 하다간 봉변을 당할 수도 있다. 관계는 끊어지고 사람은 멀어져, 결국 '셀프 소외'의 길을 걷게 될지도 모른다.

　최근의 일이다. 작은 중소기업에 다니는 한 90년대생이 이런 푸념을 하는 걸 들었다.

　"이사님이 저에게 소주를 연거푸 열 잔을 마시라고 하는 거예요. 열 명이 있는 자리에서 모든 사람한테 한 잔씩 받으라면서요. '왜요?'라고 물었더니, '그냥 네가 오늘 술 취하는 거 보고 싶어서. 그러니 얼른 마셔라.' 비웃음 섞인 표정으로 바라보던 이사님 얼굴, 꿈에서도 보게 될까 두렵습니다. 이직해야죠. 이런 회사."

　나이 50이 넘었다는 중소기업 이사가 지위를 등에 업고 직원을 괴롭히다니. 그 젊은 친구가 느꼈을 모멸감이 정말 안타까웠다. 누군가를 비웃는다는 건 무슨 뜻인가. '네가 뭘 하고 무슨 말을 하든, 나에게는 아무 의미도 없다'라는 것 아닌가.

아무런 의미도 없어야 했던 자신을 생각하며 그 친구는 얼마나 괴로워했을까. 이런 말을 하고서도 자신이 뭘 잘못했는지조차 모르고 있을 그 이사라는 사람, 그리고 그 회사가 참으로 한심하다.

말투에서 나오는 분위기가 자신의 품격을 대변한다는 것, 50이라면 반드시 알아두어야 한다.

"바라지만 말고, 이뤄!"

멋진 말이다. 평생 현역으로 뛰고 싶은 50이라면 다른 무엇보다 말투부터 이뤄내야 한다. 세상과 소통이 가능한 말투로.

REMIND

경험은 나이 들지 않아요.
경험은 결코 시대에 뒤떨어지는 법이 없죠.

# 50의 말은
# 오직 금과 같아야 한다

가산동에서 과천으로 급하게 서류 하나를 보내야 했다. 내가 직접 가기는 싫고 귀찮았다. 스스로 합리화를 했다.

'내 월급이 얼만데 이런 문서 하나 들고 왔다 갔다 해야 해?'

퀵 서비스를 불렀다. 10분이 지났다.

'뭐야, 왜 이렇게 느려?'

20분도 넘어서야 두툼한 가죽 옷을 입은 아저씨가 오셨다. 얼굴을 찡그렸다. 상대방에겐 점심시간 전까지 보낸다고 했는데 벌써 11시가 다 됐다.

'지금 출발하면 한 시간은 걸릴 텐데. 게다가 혹시라도 이 아

저씨가 늑장이라도 부리면 어쩌나?'

볼멘소리가 나왔다.

"아저씨, 왜 이렇게 늦게 오세요. 점심시간까지 보낸다고 했는데, 빨리빨리 좀 오시지."

마음씨 좋아 보이는 퀵 아저씨는 "허허" 웃으시며 "네, 점심시간 끝날 때까지는 무사히 전달해드릴게요. 걱정 마세요"라며 서류 봉투를 받아 사무실을 나섰다. '왜 저렇게 여유를 부리는 거야?' 하는 생각에 기분이 나빴지만 "빨리빨리 좀 부탁드릴게요!"라고 말하는 것 말고 내가 할 건 없었다. 조금 후, 다행히 상대방으로부터 잘 받았다는 문자 메시지를 받았다.

'그래, 빨리빨리 해달라고 채근하지 않았으면 분명히 늦었을 거야.'

다시 일상으로 돌아갔다. 그 일은 그렇게 잊혀지나 싶었다.

얼마 지나지 않은 어느 날, 추석을 앞둔 때였다. 옆의 김 대리가 퀵 서비스를 요청하는 소리를 들었다. 얼마 안 있다가 퀵 기사가 왔다. 일전에 내 서류를 처리해준 바로 그분이었다. 김 대리가 아저씨에게 보낼 물건을 줬다. 아저씨의 "허허" 하는 넉넉한 웃음소리와 사무실 문을 나서는 소리가 들릴 때쯤이었다. 김 대리가 퀵 기사 뒤에 대고 이렇게 말했다.

"추석 전이라 도로가 혼잡할 텐데 조심해서 배달하세요."

50의 나와 30의 김 대리, 도대체 세상을 누가 더 잘 살아낸 것일까. '빨리빨리'를 외치던 나의 불친절한 단어가 '조심해서'라는 김 대리의 언어에 비교되어 너무나 부끄러웠다. 퀵 기사도 누군가의 아빠요, 남편이며, 아들일 텐데 왜 나는 사람을 상대하는 말을 하지 못하고 물건을 상대하는 것 같은 말을 했던 걸까. 나의 말은 인간의 말이 아니었다. 사람을 그저 일종의 도구나 수단으로만 보는 짐승의 언어였다. 나는 성숙한 판단을 제대로 배울 겨를도 없이 그냥 늙어버린 것만 같았다. 세상의 흐름에 뒤처져 있음에도 나름대로 잘한다고 착각하면서 살아온 것이다.

말에는 값이 있다. '말을 주고받을 때는 금화와 은화만 사용하시오'라는 프랑스 속담도 있지 않은가. 말로 누군가에게 기쁨을 주기는커녕 상처만 주면서, 나의 가치를 깎아 먹고 남의 가치를 우습게 여기는 이 말투는 도대체 무엇이란 말인가. 나의 말투는 어쩌면 그토록 경박하고 급하기만 했던가. 너무나 급하게만 살아왔던 것일까. 삶이 빠르게 지나간다는 핑계로, 가끔 멈춰 돌아보는 여유 하나도 없는 50이 무슨 제대로 된 50인가. 이 세상은 50만을 위한 것이 아니다. 노인, 아이, 여성, 남성 등 '우리' 모두의 것이다. 모두를 위해 모두를 배려하는 말투, 지금이라도 새로 배우면 어떨까.

코로나19로 택배 물량이 급속도로 증가하는 요즘이다. 다시 퀵 서비스 아저씨를 뵙게 된다면 이렇게 말해야겠다.

"요즘 물량이 많아 힘드시죠? 조심히 가십시오. 잘 부탁드립니다. 고맙습니다."

흰 머리는 지혜가 아닌 나이를 나타낼 뿐이다. 지혜는 성숙한 말투에서 비롯된다. 나는 50이 되어서야 비로소 제대로 된 말투를 하나씩 배워나가고 있다.

REMIND

사람을 도구나 수단으로만 여기는 말투는
모두 짐승의 언어다.

# 이제는 아부를 들을 때가 아니라
# 아부를 해야 할 때

칼 세이건Carl Sagan의 《코스모스》에는 자신과 생각이 다른 누군가를 향해 "이상해!", "기괴해!"라고 말하며 배척하는 우리 모습을 정확히 지적한 부분이 있다.

사람은 이상한 생각을 하고 살아간다. 자신과 다른 생각을 하는 사람이나 자신이 속한 사회와 조금이라도 다른 성격의 사회를 믿을 수 없는 기괴한 존재로 간주하며 심히 혐오하고는 한다. 자기 스스로에 대해서는 아무런 의심을 갖지 않으면서 말이다. '이방outlandish'이나 '외계alien'라는 표현의 부정적 뉘앙스는 이러한 인간의 특성을 잘 드러내준다.

나 스스로에 대해서는 아무런 의심을 갖지 않으면서 나와 다른 누군가의 말과 행동에 대해서는 "원래 그래"라거나 "하던 대로 해" 같은 말을 거침없이 쏟아내던 사람이 나였다. 또 그래도 됐었다. 하지만 세상이 변했다. 내 생각을 강요하고 타인의 생각을 기괴한 것으로 규정하는 순간, 오히려 나 자신부터 세상으로부터 격리되는 시대가 된 것이다. 살아오면서 축적된 경험의 질적 수준을 이제는 물리적인 시간의 길고 짧음만으로 측정할 수 없게 됐다. 아니, 그저 그런 직장 생활을 20년간 해온 50보다 치열하게 고민하고 행동하며 자영업을 2년간 해낸 30에게 세상의 지혜가 더 몰려 있음을 인정해야 한다.

'어른의 품격', '노인의 지혜' 같은 표현이 지금도 여전히 유효하긴 하다. 그렇지만 '품격'과 '지혜'를 끝까지 지켜내기 위해선 말투 하나의 선택에도 마음을 써야 한다. 말투 하나 잘못되어, 표현 방식이 자신의 의도와 어긋나는 바람에 평생 쌓아온 품격이 한순간에 무너지는 경우가 우리 주위엔 무수하게 많다. 언젠가 작은 사업체를 운영하는 대학 동창한테서 이런 얘기를 들었다. 30대 초반의 마케팅 담당자에게 업무상 지적을 하다가 화를 못 이겨 "너는 똥인지 된장인지 찍어 먹어야 아니?"라고 실언을 했단다. 마음에 상처를 주는, 저질 언어로 상대방을 질책한 것이다. '아차' 싶었는데, 담당자가 이렇게 답변하더란다.

"네, 직접 해봐야 압니다."

동창은 자신의 말실수를 인정하고 곧바로 사과했다고 한다. 그나마 다행이다. 물론 그 상처는 담당자에게 흉터로 남아 있을 테니 앞으로 더욱 조심해야 할 일이다. 요즘의 20대, 30대 중에는 유난히 도망자가 많단다. 학교(선생님)에서 도망치고, 직장(상사, 선배)에서 도망치고, 사업자(갑질 고객)가 됐다가 다시 도망치고…. 하지만 나는 그들의 '도망'을 탓하지 않는다. 경험을 통한 삶의 만족감이 일정 수준을 넘지 못하면 자신의 정체성을 확인할 수 있는 곳으로 도망치는 것을 보고 잘못됐다고 말할 수 없다. 도망치는 건 '이렇게 살고 싶지 않다'라는 뜻이 섰을 때 실행에 옮기는 것이다. 그러니 그들의 도망은 옳다.

도망치려는 그들과 함께 일해야 하는, 관계를 맺으면서 미래를 만들어나가야 하는 50의 입장에서는 어떻게 해서든지 도망 대신 잔류를 택하게 해야 한다. 이를 위해 필요한 말투가 있다. '아부의 말투'다. 언짢을 수도 있겠다. '지금껏 아부를 하며 살아왔어. 50이면 이제 아부를 들어야 할 나이가 아닌가?'

하는 생각에서 말이다. 과거의 그 쓰라린 '아부(해야만 했던) 인생', 인정한다. 하지만 다시 말하지만 세상이 변했다. 이 부를 들으려 애쓰다간 앞으로 남은 시간마저 또 아부나 하면서, 아니 아부조차 할 대상이 없는 상태로 살아가야 할지 모른다.

아부도 잘하면 예술이다. 특히 나이가 많은 사람이 어린 사람에게, 상급자가 하급자에게, 부모가 자녀에게 하는 아부야말로 '진짜'다. '아부' 하면 어떤 이미지가 떠오르는가? 일반적으로 부정적인 느낌이 먼저 들게 마련이다. 그도 그럴 것이 바라는 것 없이 하는 '칭찬'과 달리 아부는 무언가 이득을 취할 것을 염두에 두고 상대방을 높여주는 것이기 때문이다. 그래서 사람들은 보통 아부에 능한 이들을 두고 '간도 쓸개도 없다'라며 비아냥거리곤 한다.

그러나 살다 보면 한 번쯤 아부하는 사람에게도 나름의 속사정이 있다는 사실을 깨닫는 순간이 온다. 바로 나 아닌 누군가를 책임져야 할 때다. 내가 아부하지 않아서, 아무 눈치도 보지 않고 내 식대로 해서 돌아오는 불이익을 온전히 나 혼자 감당해야 한다면? 그런 거라면 차라리 참을 만하다. 그러나 내가 자존심을 세운 결과, 내 가족이나 조직원들이 피해를 봐야 한다면? 조금 자존심이 상하더라도 상대방에게 아부를 해서 내 사람들에게 피해가 가지 않게 하는 것이 우리가 취해야 할 행동 아닐까?

아부를 잘하려면 어떻게 해야 할까? 잘 모르겠다면 딱 하나만 기억하자.

'공통분모를 찾아낸다.'

내가 아는 한 영업사원은 늘 성과가 좋다. 그는 어떻게 해서든지 상대방과의 공통점을 찾아내는 재주가 있다. 나보다 나이는 어리지만 그와 대화를 나누면 오히려 내가 위로받는 느낌이 들 정도다. 늘 젊어 보이는 그에게 언젠가 "어떻게 점점 더 젊어져?"라고 말한 적이 있다. 그러자 그가 "무슨 말씀이세요. 책임님이야말로 동안 중의 동안인데요. 비결 좀 알려주세요"라면서 '역아부'를 하는 것 아닌가. 대화 내내 그의 아부는 집요했다. "무슨 스킨 쓰세요?", "형수님께는 못 할 말이지만 연애해야 하는 거 아니에요?", "옷은 어디서 구입하세요?" 등 끝이 없었다.

결론적으로? 나쁘지 않았다. 나보고 동안이라고, 나보고 젊어 보인다고 하는데 기분이 나쁠 이유가 없지 않은가. 먼저 아부를 한 건 나였다. 하지만 그것을 자신과 나의 공통점이라고 생각하며 오히려 역으로 아부하는 그를 보면서 느낀 점이 있다. 아부는 나와 상대방의 공통점을 무조건 칭찬하는 일이다.

50이 되어 아부를 듣기보다 하는 데 익숙해진다면 인간관계가 좀더 편안해지지 않을까. '상대방과 나의 공통점 찾기'로 말문을 열자. 상대방에 대한 나의 관심, '나와 당신이 서로 다르지 않다'라는 인식을 심어주며 상대방을 무장 해제하는 데 제격인 아부의 기술이다.

아부는 정중한 유혹의 기술이다. 아부는 50이 10, 20, 30 그리고 40에게 할 때 비로소 빛이 난다. 아부가 멋진 이유는 상대방에 대한 관심이 오롯이 담겨 있기 때문이다. 상대방이 무엇을 좋아하는지, 상대방의 경험은 무엇이었는지를 사전에 자세히 공부한 사람만이 아부를 잘할 수 있다. 그렇다. 50의 말투에는 디테일이 담겨 있어야 한다. 그것이 바로 '아부력'을 키우는 비결이다.

**REMIND**

아부는 정중한 유혹의 기술이다.
나와 상대방의 공통점을 칭찬하는 것으로 말문을 열자.

# 나를 낮추면
# 상대방이 알아서 높여준다

'자학 개그' 말투를 즐겨 쓰는 사람들이 있다. 자신을 살짝 낮춤으로써 사람들이 자신을 편하게 인식하게 하고, 좋은 분위기를 만든다. 이는 분명 긍정적인 효과이지만, 문제는 이런 효과가 아주 일시적이라는 데 있다. 다른 사람들은 기분이 좋을지 몰라도, 막상 자신을 비하한 말에 사람들이 동조하며 웃음을 터뜨리면 기분이 나쁠 수밖에 없다. '이 사람들은 내가 정말 그런 사람이라고 생각했던 건가?' 싶어지면서 자승자박하는 꼴이 되고 만다.

그뿐 아니다. 유머를 유머로 듣지 못하는 사람들도 있기에 조심해야 한다. '아, 저 사람은 쉽게 대해도 되는구나'라고 느껴 함부로 대할 가능성도 있다. '자신을 존중할 줄 모르는 사람은 타인을 존중할 수 없다'라는 말이 있다. 자신이 처한 상황에서 자기 자신을 존중하는 능력이야말로 진정한 품격이며 귀하고도 귀한 것이다. 겸손과 자기비하를 구별할 줄 알아야 자기도 보호하고, 나아가 타인도 존중할 수 있다.

그럼에도 자신을 낮추는 건 50의 말투로 괜찮은 전략이다. 50에는 자신을 낮추는 말을 하면 할수록 오히려 스스로 품격을 높일 수 있다. 자학까지는 아니더라도 낮춤 정도는 충분히 해볼 만하다는 얘기다. '나 때는 말이야'로 시작되는 자기 자랑은 이제 개그의 소재가 될 만큼 지난 세대의 허풍으로 (그것이 설령 진실이라고 할지라도) 취급된다. 이럴 때일수록 자신을 낮추고 또 낮추는 말투가 필수다. 자신을 낮출수록 오히려 상대방이 자신을 높인다는 사실을 알아차려야 한다.

제대로 성공한 어른일수록 자신을 낮추는 데 익숙하다. 천재 개발자이자 AI 스타트업 보이저엑스를 이끄는 남세동 대표의 얘기다. 그는 갓 입사한 후배들을 향해 '선배들의 이야기는 절반만 들으라'고 조언한단다.

"한국에서 공부를 잘한다는 얘기 좀 듣는 학생들 대다수는 선생님 말씀을 그대로 따라 적고 선배들 말도 잘 따른다고 한다. 대학생들조차 교수님 말을 곧이곧대로 받아들이기만 한다. 안 그랬으면 좋겠다. 세상이 계속 변하기 때문에 선배들 얘기를 너무 잘 들으면 안 된다. 아이돌 그룹 가수가 꿈인 사람이 트로트만 부르던 선배 가수한테서 참고할 얘기와 그렇지 않은 얘기가 있지 않냐. '트위터 할 시간에 노래 연습이나 해라'는 조언을 받아들인다면 BTS는 태어날 수 없었다."

(출처: 네이버도 모셔간 'B612' 천재 개발자 "선배 말 절반만 들으라", 〈중앙일보〉, 2020년 5월 6일)

나는 후배들에게, 그리고 아이들을 향해 "내 말의 절반만 믿어라! 나머지는 믿지 마라!"라면서 겸손한 말투로 소통할 수 있을까. 자신을 낮춘다는 건 아마도 "내 말에 토를 달아라!"라고 선언하는 것 아닐까 싶다. 그리고 토를 다는 누군가를 향해 고개를 숙여 감사를 표시할 수 있는 여유가 아닐까. "이상형이 어떤 사람이에요?"라는 질문에 "내 말에 토 달지 않는 여자요"라고 했던 나의 젊은 시절이 부끄럽다. 그 생각이 얼마나 오랜 시간 지속됐을까를 생각해보면 이 글을 쓰는 지금 이 순간에도 오싹해질 정도로 나 자신에게 혐오감이 든다.

자신을 낮출 줄 아는 50은 멋지다. 내가 아는 한 임원은 자신의 성공 비결을 묻는 신입사원에게 이렇게 답했다.

"새로운 출발에 나서는 여러분의 앞길이 순탄할 수만은 없습니다. 실패도 겪고 좌절도 겪을 것입니다. 때로는 실패가 성공보다 값진 경험이 될 수 있다는 것을 명심하기 바랍니다. 저도 살면서 실패가 많았습니다. 임원 진급도 재수로 되지 않았습니까? 우리를 주저앉히는 것은 결코 실패 자체가 아닙니다. 실패했다고 하더라도 희망을 잃지 않는다면, 실패는 오히려 우리를 더 성장시켜주는 힘이 될 수 있습니다."

그는 자신의 실패를 아낌없이 드러냈다. 이뤄낸 것을 자랑하는 대신에 말이다. 어른다운 말투 아닌가.

50이 된 사람의 말투가 "내가 말이야, 엉! 동기 중에서 제일 먼저 대리로 승진했고, 엉! 팀장 될 때도 전사 최연소였고, 엉! 임원이 되는 것도 나이 마흔이 넘어서 바로, 엉!" 이런 식이라면 얼마나 없어 보이는가. 오히려 인생에서 실패를 맛보았던 경험을 자주 들려주는 50을 볼 때, 사람들은 그를 가깝게 느끼고 소통을 원하며 존경하게 된다는 것을 잊지 말자. 자신을 낮춤으로써 상대방이 오히려 높여주게 되는 겸손의 말투를 50에게 적극 추천한다.

'자기 비하 말투'와 멀어지되,
'자기 낮춤 말투'와 친해질 것.

# 핀잔이 아닌
# 믿음을 주는 말이 필요하다

그녀는 유능한 커리어우먼이었다. 하늘의 별 따기라는 외국계 금융회사에 당당히 입사해 모든 사람의 시선을 받으며 승승장구했고, 지점장까지 초고속으로 승진했다. 지금은 자유인의 삶을 만끽하고 있는 그녀에게 성공적인 직장 생활의 비결을 물어봤다. 어떻게 자신을 그렇게 성장시킬 수 있었는지, 도대체 어떤 능력이 있었기에 역량을 맘껏 발휘했는지 말이다. 그녀가 들려준 건 역량을 키우기 위해 끝없이 노력했다는 등의 이야기가 아니었다. 그녀는 이렇게 말했다.

"나에겐 사람이 있었습니다."

'사람이 있다'니 무슨 말일까. 다시 물어봤다. 그녀는 단어 하나를 추가했다.

"나에겐 믿어주는 사람이 있었습니다."

직장에서 미친 듯이 일하고 퇴근해서 집에 도착하면 쓰러질 듯 피곤했지만 회사를 다니는 동안 즐겁게 시간을 보낼 수 있었던 이유는 '믿어주는 사람'이 있었기 때문이라는 것이다. 그녀를 믿어주던 사람은 나이 50 즈음의 임원이었는데 특히 말 한마디, 한마디가 예술이었단다. 무슨 말이었을까.

"나는 네가 가져오는 건 무조건 오케이야."

이 얘기를 듣고 부러운 게 아니라 부끄러워졌다. '그런 말을 들은 적이 있었나?' 하는 생각 때문에? 아니다. 나이 50이 된 나라는 사람, '이전에 누군가에게 그런 말을 해준 적이 있었나?' 하는 자괴감 때문이다. 내가 누구에게도 '믿는다'라는 말을 못 했다는 건, 어쩌면 내 인간관계가 어긋나 있었기 때문이리라. 나는 늘 주변에 믿을 만한 사람이 없다고 한탄만 했다. 정작 나 자신이 누구도 믿지 못하면서 말이다.

언젠가 후배가 업무 시간에 이어폰을 끼고 있는 것을 보았다. 나는 다짜고짜 말했다.

"일하는데 그걸 끼고 업무가 가능해? 예의 없어 보이니까 어서 빼."

후배는 고객과 전화 통화를 하고 있었다. 그런데 나는 그가 무슨 라디오 프로그램이나 듣는 줄 알고 함부로 말한 것이다. 이렇듯 믿음을 주기는커녕 핀잔의 말투만 가득한 나였으니 과연 존경의 대상이 됐겠는가 말이다. 무슨 수사관도 아니고 노예를 감시하는 것도 아닌데, 누군가를 바라볼 때마다 '뭐 하고 있지?'라는 의심만 가득한 나의 모습은 지금 생각해도 부끄럽다.

50은 믿음을 얻는 나이가 아니다. 믿음을 주는 나이다. 믿음을 주는 데 익숙해지면서 인간관계를 만들어내고, 그것을 통해 새로운 커리어의 부스터booster가 되도록 '자가발전'해야 하는 시기다. 50이 되어서도 자신의 말투 속에 믿음을 넣어 말할 만한 사람이 주위에 없다는 건, 부끄러운 일이다. 그 부끄러움을 이제 이겨낼 때가 됐다. 누군가에게 아낌없는 믿음을 주는 것에서 시작해야 한다.

REMIND

**50은 믿음을 얻는 나이가 아니다.
믿음을 주는 나이다.**

# 정중한 인사는
# 그 자체로 감동의 언어다

직장에서 누군가와 마주칠 때 상대가 먼저 인사를 하면 나는 부끄럽다. 먼저 고개 숙이지 못한 나 자신의 부족함이 아쉬워서 그렇다. 정중한 인사는 감동의 언어다. 누군가에게 좋은 인상을 남기고 싶다면 우선 인사부터 잘하라는 말도 있다. 아마 신입사원이 회사에 들어가 선배들에게 가장 많이 듣는 말이기도 할 것이다. 당연하다. 인사는 관계의 처음과 끝이다. 의사소통의 문을 열고 닫는 것이니만큼 중요한 언어라고 할 수밖에 없다.

인사 하나만 잘해도 누구에게나 점수를 딸 수 있다. 인사 하나만 잘해도 누구에게나 칭찬받을 수 있다. 한 기업인은 인사 잘하는 것만으로 화제의 중심이 됐다. 핵심은 방향성이었다. 그는 늘 인사를 잘했다. 여기서 잘했다는 건 먼저 했다는 의미다. 언젠가 그가 관계자들의 배웅을 받으며 사무실을 나서는데, 한쪽에 서 있던 건물의 환경미화원들을 보고는 멈춰 서서 허리를 90도로 굽히며 정중히 인사를 했단다. 생각지도 못한 인사를 받은 환경미화원들은 놀란 나머지 모자를 벗기도 하고 똑같이 허리를 숙여 인사하며 흐뭇해했다.

　누군가는 그런 행동이 뭐가 그렇게 대단한 것이냐고 할 수도 있다. 또 다른 누군가는 그냥 쇼를 하는 것일 뿐이라고 깎아내릴 수도 있다. 그런데 자신에게 진지하게 한번 물어봤으면 한다. 윗사람이 아닌 누군가에게 단 한 번이라도 고개를 90도로 숙여 인사해본 적이 있는가? 나부터 자신을 돌아보았다. 나는 구내식당에서 고생하시는 영양사분들에게 "감사합니다"라고 말한 적이 있었나? 화장실에서 "죄송합니다"라고 말하며 들어와 조용히 청소하시는 분에게 "고맙습니다"라고 말한 적이 있었나? 사내 편의점에서 아르바이트하는 청년에게 "수고하세요"라고 인사를 건넨 적은?

　'매너'라는 말을 떠올려본다. 매너란 '일상에서의 예의와 절차' 또는 '행동하는 방식이나 자세'를 말한다. 매너는 상대가 있음을 전제로 하는 개념이다. 즉, 관계의 개념이다. 나는 매너라는 말에 '방향성'이라는 의미를 포함하고 싶다. 누구에게 향하느냐가 중요하다고 보기 때문이다. 나보다 강한 사람, 나이가 더 많은 사람, 윗사람에게 매너가 없는 사람은 그리 많지 않다. 문제는 나보다 약한 사람, 나이가 더 적은 사람, 아랫사람을 어떻게 대하느냐다.

50이 됐다면 매너에서 방향성 문제는 더욱 중요해진다. 인사를 잘하는 50이야말로 카리스마를 지닌 사람이다. 카리스마의 어원인 그리스어 'kharisma'는 '신이 내린 은총'이라는 뜻이다. 그러니 인사를 잘해서 상대방을 감동시킬 줄 아는 어른이야말로 진정한 카리스마를 지닌 것이다.

약자에게는 함부로 행동하면서 자신에게 이익이 되거나 자신이 함부로 할 수 없는 강자에게는 입가에 미소를 머금고 품격 있게 말하는 사람. 이런 사람에게 과연 카리스마가 있다고 말할 수 있을까? 매너가 있다고 말할 수 있을까?

50이다. 아직도 '진짜 어른'이 될 기회는 있다. 이를 위해 인생에서 선택을 해야 하는 순간이 왔다. 50에 어울리는 선택의 기준은 무엇이어야 할까. 방향성 아닐까. 강자가 아닌 약자를 향해, 나이든 사람보다 나이 어린 사람에게 먼저 인사하고, 먼저 미소를 보낸다면 품격이 한층 높아질 것이다. 그러니 우리 50, 제발 인사부터 잘하자.

REMIND

**인사는 관계를 여는 처음이자 끝이다.**

# 말을 듣는 태도부터
# 바꿔야 한다

잘나가는 중견 기업의 한 임원은 여러 팀을 관리하는데 조직 구성원, 특히 팀원과의 소통을 중요하게 여긴다. 성과만큼이나 기업의 흥망성쇠를 좌우하는 게 소통이라는 걸 알고 있기 때문이다. 그래서 늘 팀장들에게 말했단다.

"팀원들이 편하게 말할 수 있는 문화를 만들어주세요."

하지만 아쉽게도 조직 구성원의 입을 열기가 여전히 너무나 힘들다고 한다.

"점심을 함께하게 됐어요. 요즘 친구들은 윗사람과 식사하는 걸 꺼리기에 식사 시간을 잡는 것도 힘들 정도였죠. 그런데 다들 식사 내내 아무 말도 하지 않더군요. 그래서 내가 말했죠. '괜찮아요. 그냥 자기가 속한 부서에서 일어나는 일들 오픈해도 돼요.' 하지만 돌아오는 건 겁먹은 눈길뿐이었어요. '오픈? 무슨 저의가 있어서 모든 걸 까발리라는 거지? 조심해야겠다. 한마디도 하지 말아야지'라는 속마음이 보였어요."

'말하지 않는 것'이 아니라 '말하지 못하는 것'이다. 지난 수십 년 동안 대한민국 기업들의 소통 문화는 비슷비슷했다. '말하지 않으면 중간은 간다'가 불문율로 자리 잡고 있다. 나 역시 직장 생활을 할 때 들은 선배의 충고 중에서 기억나는 것을 꼽아보라고 하면 "눈에 띄는 일을 하면 네가 하게 되니까 가능하면 시킬 때까지 조용히 있어라"가 첫째다. 그런 말을 철석같이 믿다 보니 '어쩔 수 없잖아. 그게 내 한계인 걸' 또는 '남들도 다 저렇게 사는데 괜히 튈 필요 있어?'라고 생각하게 됐다. 내 일이 아니면 신경 끄고, 잘못된 일에도 눈을 감는 것이 조직 생활의 기본이라고 생각했다.

50이 됐다. 용기를 낼 때도 됐다. 나만의 색깔을 갖고 싶다면, 하고 싶은 일을 용기 있게 해야 한다. 하고 싶은 일은, 그 일을 말하는 것에서 시작된다. 괜히 말했다가 자신에게 돌아올 불이익을 먼저 생각해 입을 닫고 마는 건 50의 모습이 아니다.

솔직히 우리 50은 그동안 그런 상황들을 묵인해왔고, 인정해왔다. 심지어는 지금 누군가의 입을 열지 못하게 하는 역할을 담당하고 있는 50도 많다. 하지만 이런 세상은 별로다. 세상을 불행하게 만드는 방식으로 오늘을 살아가는 건 어른의 모습이 아니다. 우리 50의 말투에서 이것을 이겨낼 때가 됐다.

진짜 50, 요즘 말로 '찐 50'의 말투는 달라야 한다. 입에서 나오는 말만이 아니라 누군가의 말을 듣는 태도부터 바뀌어야 한다. 한 여행자가 일본의 공동체에서 보게 됐다는 일화가 생각난다. 30대 청년이 70대 노인에게 큰소리를 냈단다. 노인의 부주의한 운전 습관을 질책한 것이었는데, 노인의 반응은 의외로 덤덤했단다. 나중에 노인에게 기분 나쁘지 않았느냐고 물었더니 그에게 돌아온 대답은 이랬다.

"아니, 괜찮아. 그 친구가 나를 진심으로 걱정해주어서 말해준 건데, 뭘. 내가 더 조심해야 했어."

내가 그 70대 노인이었다면 과연 이렇게 말할 수 있을까? 까마득한 후배와 논쟁할 줄 아는 50이 될 수 있을까? 아는 것이 많아서 삶에 대한 나름의 전망을 지니고 있는 이들이 50이다. 하지만 잘못 알고 있는 것까지 미래의 전망으로 삼는 건 사양하고 싶다. 내가 살아온 방식을 상대방에게 강요하는 50이 되기는 싫다.

　말을 하는 데 따른 구체적인 불이익이 그로 인해 얻게 될 불확실한 성과보다 클 때 사람들은 입을 닫는다. 그렇게 누군가는 자신의 재능을 꽃피울 기회를 잃어버린다. 누군가로부터 배울 기회를 놓쳐버린다. 그러니 말할 수 있는 용기로 가득한 세상을 만들어내야 하는 건 오늘을 살아가는 50에게 주어진 과제다. 후배건 선배건, 동료건 가족이건 관계없이 상대방이 주저없이 말할 수 있게 해주는 50이야말로 '찐 50'이 아닐까.

**REMIND**

**상대방이 '말하지 않는 것'이 아니라
상대방이 '말하지 못하는 것'임을 알아차린다.**

# 자기 자랑도
# 센스 있게

2018년 6월 4일, 미국 트럼프 대통령은 취임 500일을 맞아 자신의 트위터에 이렇게 글을 올렸다.

"취임한 지 500일이 됐다. 우리는 역대 어느 대통령보다 취임 500일 안에 많은 일을 성취해냈다. 많은 이들이 그렇게 믿고 있다. 대규모 세금 삭감 및 규제 철폐가 이루어졌고, 범죄와 불법 이민은 감소했으며, 국경은 강화됐고, 경제와 고용 시장은 활성화됐다. 그밖에도 업적이 많다."

'자화자찬의 정석'을 보여주려는 것이었는지, 노골적인 자기 자랑이라 거부감만 든다.

트럼프의 나이, 70이 넘었다. 70이 되어서도 '내가 누군지 알아?'라면서 자기 자랑에 정신이 없는 그를 보면 쓴웃음이 나온다. 동시에 70을 향해 달려가는 나, 50의 말투를 되돌아본다. 내 입에서 나오는 말이 상대방에게 어떻게 받아들여지는지에 대한 고민 없이 내뱉는 말이 대부분이었다. 50은 자신의 보잘것없는 것 하나를 드러내기보다는 누군가로부터 냉정한 평가를 감사하게 받아야 하는 나이다. 그런데 나는 자기 자랑에 취해 있었다. 어른답지 않았다.

물론 무작정 침묵하자는 건 아니다. 사실 세상을 살아가려면 일정 수준 이상의 자기 자랑은 하는 게 맞다. 힘든 일이 있으면 힘들다고 말하는 것이 정상이다. 지나친 자기 객관화는 스스로를 우울하게 만들 수 있다. 적당한 '자뻑'은 일상을 버텨내는 원동력일 수도 있다. 때로는 내가 해낸 일을 남에게 정확히 알릴 필요가 있다. 나 아니면 누가 나에게 관심을 가져주겠는가. 나에 대한 인정은 나 스스로 획득해야 한다.

뭔가 혼란스러울 수 있겠다. '자랑하라는 거야, 말라는 거야. 도대체 어떻게 하란 말이야!'

해답은 다른 사람들이 눈살 찌푸리지 않는 선에서 세련되게 자기 자랑을 할 수 있어야 한다는 것이다. 적절하고 깔끔한, 어른스러운 자랑의 정석에 대해 들은 이야기를 소개한다. 이 이야기의 주인공은 작사가다. 그가 어느 날 지인들 모임에 후배를 데리고 갔다. 그 후배는 흥행작도 내놓은 영화감독이었지만, 모임에 참석한 사람들은 이 사람에 대해 잘 몰랐다. 모임에 처음 보는 얼굴이 등장하니 다들 "이 친구 누구야?"라고 물었다. 작사가는 곧바로 영화감독이라고 소개하지 않고, 이렇게 말했다.

"응, 세상에서 제일 잘난 놈이야. 잘생겼는데 겸손해. 감각도 좋아. 그리고 똑똑해. 그리고 그거 알아? 영화도 잘 만들어. 영화감독이라고. 다들 '○○○○○'라는 영화 알지?"

친구들이 "아, 그 영화를 만든 감독이야? 대단한데?"라고 말하며 '그 잘난 후배'와 이 사람이 어떤 사이이기에 모임에 함께 왔는지 궁금해했다. 친구 중 하나가 "그런데 어떻게 아는 사이야?"라고 질문을 던졌다. 작사가는 이렇게 말했단다.

"내 제자야."

그는 딱 한마디로 자기 자랑을 완성했다. 잘난 후배의 업적을 온전히 자신의 공으로 만들어버린 것이다. 그런데 이상하다. 왜 이 이야기에서 작사가의 자랑이 건방진 자화자찬으로 들리지 않는 걸까. 비밀은 '주어'에 있다. 그는 "내가 이렇게 했어!"라고 으스대지 않았다. 대신 상대를 한껏 치켜세우고 나서

137

그가 자신의 제자라고 말함으로써 상황을 종료시켰다. 자신과 관련 있는 제3자를 한껏 치켜세운 후, 그와 나의 관계를 강소함으로써 나까지 높이는 전략이다. '자랑의 달인'이다. 센스 넘치면서도 잘난 척한다는 느낌을 주지 않는, 절대 욕먹지 않을 자기 자랑법이다. 50의 말투는 이렇게 자랑 하나에도 센스가 있어야 한다.

50이라고 해서 자기 자랑을 하고 싶을 때가 왜 없겠는가. 하지만 그때가 조심해야 할 때다. 거칠고 지루한 '자랑질'을 편한 마음으로 들어줄 사람은 그리 많지 않으니까 말이다. 50의 자랑에는 유머와 센스가 장착되어야 한다. 그래야 들어주고, 그래야 인정해준다. 상대방이 받아들이지 않는 자랑이라면 그저 옹알이에 지나지 않는다.

REMIND

**'자화자찬'은 이제 그만,
'타인 칭찬'을 시작할 것!**

# '더 괜찮은' 사람과 대화하고 싶어 '덜 괜찮은' 사람과의 말을 아낀다

"사람을 골라서 만나니?"라는 질문을 받는다면 나는 "네, 그렇습니다"라고 말할 것이다. 좋은 사람과 만날 시간도 부족한데 나를 불편하게 하는 사람까지 만나려고 노력하는 건 자신을 힘들게 할 뿐이라는 걸 이젠 알기 때문이다. 직장 상사나 고객에 관한 것만도 아니다. 그동안 잘 지내왔던 친구라고 하더라도 만날 때마다 인상 쓰고, 돈 빌려달라고 하고, 온갖 푸념을 끝도 없이 늘어놓는 사람과 관계를 지속할 이유는 없다.

괴로움을 함께하는 것, 물론 중요하다. 하지만 그것도 내가 참아낼 수 있는 한계가 있는 법이다. 젊었을 때는 그래도 그 한

계점이 높았다. 하지만 이제는 아니다. 50이라는 나이는 몸만큼이나 마음도 약하게 한다. 그 연약한 심신을 잘 보살펴야 하며, 그렇게 할 수 있는 사람은 자기 자신밖에 없다. 나를 함부로 대하고 해를 끼치는 그 무엇에도 우리는 당당하게 맞서야 한다. 자기 자신에 대한 사랑이 우선이다. 그러니 사람을 골라가며 만나려고 하는 50의 노력은 무죄다.

생각하기에 따라 50이란 나이는 아직도 까마득한 시간을 보내야 하는 인생 중년기라고도 할 수 있다. 그런데 주변의 친구들을 보면 가끔은 '행복할 시간이 그리 많이 남아 있지 않다'라고 느껴지기도 한다. 아프고, 다치고, 헤어지고, 이별하고…. 그래서일까, 자신의 말만 쏟아내는 사람들을 나는 이제 멀리한다. 관계의 중요성을 무시하겠다는 건 아니다. 주체성을 가진 한 개인으로서 긍정성을 스스로 지켜내겠다는 것이다. 누군가의 말을 들어줄 때도 마찬가지다. 상대방의 말이 나를 언짢게 하고 그것이 무례하다 판단되면, 슬쩍 받아쳐서라도 나를 보호한다.


언젠가 한 와인 모임에 참석하게 됐다. 한 남자가 내 앞에 앉았다. 자기가 운영하는 사업체 자랑까지는 뭐, 그렇다고 해두자. 그런데 지난달 바꾼 독일 뭔 차의 무슨 시리즈 이야기, '젊은' 아니 '어린' 아내의 미모에 대한 얘기, 갓 낳은 아들에게 명품 베이비 의류를 입혔다는 얘기 등 돈 자랑, 집안 자랑, 차 자랑, 집 자랑이 끝없이 이어졌다. 듣다 보니 머리가 아플 지경이었고, 주변에 있는 사람들도 대놓고 지겹다는 표정이었다. 남들이 그러든 말든 모임 분위기를 주도하려고 하는 그의 정신 상태가 의심스러웠다.

예전 같으면 마음속으로 짜증을 삭히고 있었을 것이다. '이 모임에 다시 나오나 봐라. 오늘은 정말 재수가 없는 날이네'라고 속으로 투덜거리면서. 하지만 나는 이제 50이다. 타인의 무례함 정도는 센스 있게 받아칠 여유가 생겼다. 모임에서 나는 좋은 와인을 좋은 사람과 마시고 싶다. 그게 나의 작은 소망이다. 그 소망이 이루어지고 나면, 더 나은 다른 소망을 더해나가는 적극적인 삶을 살고 싶다. 그러니 '듣도 보도 못한 사람의 자기 자랑 때문에 생긴 장벽 따위'는 슬쩍 뭉개고 가도 된다는 생각이다. 그의 '자랑질'은 여전히 진행되고 있었다.

"투자하겠다고 난리들이에요. 무작정 다 투자를 받아줄 수도 없고. 이번 기회에 사람도 뽑고, 회사 차도 하나 장만하고…. 그래도 돈이 남을 것 같은데 이걸 어떻게 해야 할지. 맞다. 혹시 세무회계 일하시는 분 안 계시나요? 호텔 회원권도 비용처리가 되나요? 그런 거라도 사야 하나? 아니다. 어디 좋은 곳에 리조트 회원권은….”

내가 나설 차례였다.

“와우! 정말 대단하시네요. 저는 언제쯤… 그나저나 투자도 받으셨고 비용 처리할 데도 마땅치 않으실 텐데 오늘 이 자리에서 시원하게 쏘시는 건 어떠세요? 잘 먹고 마실게요.”

그러자 그 친구는 입을 다물었고, 이후로는 아무 말도 없었다. 모임이 끝날 때까지. 모임 말미에 N분의 1에 해당하는 금액만 회비로 내고 성급하게 자리를 떠났다. 물론 당신은 다른 생각일 수도 있겠다.

“그깟 자랑 좀 들어주지 그랬어!”

나는 이렇게 말하련다.

“나는 ‘더 괜찮은’ 사람들과 대화하고 싶어서 ‘덜 괜찮은’ 사람과의 시간을 줄이려 한 것뿐입니다.”


나이 들면 세상 보는 눈이 넓어지고 마음도 넓어진다는 말을 들어왔다. 하지만 50이 되어 생각해보니, 마음이 넓어진다는 건 타성에서 벗어난다는 것이지 무작정 오냐오냐하는 게 아니라는 믿음이 생겼다. 게다가 나의 시간, 우리의 시간 아닌가. 인생의 본질적 가치에 충실하기 위해 나는 내가 듣기에 불편한 말을 하는 사람을 향해 센스 있게 받아칠 권리가 있다.

인생의 본질적 가치에 충실하기 위해
상대의 무례함에는 센스 있게 받아친다.

# 젊은것들? 젊은 님들!
# 호기심이 아니라 관심으로 다가선다

이상하다. 왜 나이가 들수록 목소리가 커지는 사람이 많은 걸까. 지하철에서, 거리에서, 그리고 카페에서…. 목소리를 크게 내는 아저씨, 아줌마들을 보면 신기하다. 다 내 친구들(?)이라서 더 그런 것 같다. 언젠가 카페에서 비싼 커피를 주문하고 앉아 있는데 내 또래의 남자 네 명이 우르르 문을 열고 들어섰다. 긴장했다. '내 주위에 앉지 마라. 내 주변에 오지 마라'를 속으로 다섯 번은 반복했던 것 같다. 다행히 내 옆 빈자리에는 앉지 않았다. 간만에 조용한 카페 분위기를 만끽하고 있었기에 불행(?) 중 다행이었다.

그런데 그들의 목소리는 대단했다. 이어폰 볼륨을 조금 높였는데도 그걸 뚫고 들려왔다. 게다가 목소리가 다들 거칠고 무례했다. 담배를 오래 피워서 만들어진 것 같은 묵은 소리에 머리가 아플 지경이었다. 좋다. 목소리가 큰 것을 뭐라고 할 수는 없으니 말이다. 솔직히 나 역시 50이 되니 노안老眼은 물론이고 노이老耳인지 누군가의 말을 흘려듣는 일이 종종 생긴다. 아마 그들도 나와 같을 것이다. 잘 안 들리니 목소리를 서로 크게 내는 것이리라.

하지만 그들의 대화 속 여기저기서 등장하는 '젊은것들'이라는 말투마저 관대하게 봐주기는 어려웠다. "젊은것들이 말이야", "젊은 놈들이 더 해" 같은 말이 귀가 따가울 정도로 계속 들렸다. 왜 저리도 젊음에 저주를 퍼붓는 걸까. 왜 '젊음'을 두고 '것'이라고, 아니면 '놈'이라고 하는 걸까. 왜 젊음을 혐오의 대상처럼 부르는 걸까. 그들에겐 젊음이 없었을까? 젊음을 제대로 누리지 못한 사람의 신세 한탄인 걸까? 아니, 모든 걸 떠나서 왜 저런 얘기를 '젊은것들'이 우글우글한 카페에 와서까지 하는 걸까.

세상은 점점 더 개인의 취향을 존중하며 이를 중심으로 변해간다. 세상은 이미 '나'에 집중하는 경향으로 바뀌었다. 언제부터라고 정확히 말할 수는 없으나 모든 것이 개별화·세분

화되는 추세이며, 중심축이라는 것 자체도 모호하다. 모든 것을 하나로 묶는 중심이 더는 존재한다고 보기 어려우며, 각각의 개인이 이전에 사람들을 지배했던 중심축을 대체하고 있다. 집단에서 개인으로 급속한 전환이 이루어지고 있다. 그렇게 살아온 친구들이 바로, 그들이 첫소리를 내가며 밑도 끝도 없이 '지적질'을 해대는 '젊은것들'의 실체다.

나는 자라면서 개인의 취향보다 집단의 문화를 중시하라고 강요받으며 자랐다. 나의 취향이 뭔지, 진정 원하는 것이 뭔지 진지한 고민 한번 제대로 하지 못한 채 이날까지 등 떠밀려 살아왔다. 그래서 나도, 저들도 이렇게 젊음을 존중해주지 못하는 건 아닐까? 세상은 이제 집단 안에서 무채색으로 존재하는 사람이 아니라 개별적인 관계 안에서 서로에게 위로가 되고 격려가 되며 인정해주는 사람이 주도하게 됐다. 설령 거대한 조직에 몸담고 있더라도 주변 사람들에게 따뜻한 말 한마디라도 건넬 줄 아는 사람이 인간적임을 우리는 알게 된 거다. 주변의 스쳐 지나가는 사람을 따뜻한 시선으로 볼 줄 아는 능력이 우리에게 필요한 이유다. 작은 것 하나라도 말이다.

사랑이란 타인에게 호기심이 아니라 관심으로 다가서는 것이라고 한다. 과연 우리가 지금 시대의 주인공인 그 '젊은것들'

과 화해하면서 잘 살아가고 있는 걸까? 관심을 갖고 다가서며 사랑을 줄 능력을 갖추고 있는 걸까? 지금, 그리고 여기에서 누구와 함께 밥을 먹고 이야기를 나누고 있는지가 중요하다. 그 '누구'는 바로 우리 시대의 현재요 미래인 '젊은 님들'이다. 어떤 경우에도 50은 자기편이 되어줄 '젊은 님들'을 확보해두어야 한다. 그건 말투 하나 조심하는 것에서 시작된다. 덕이 깊은 사람은 요란하지 않다. 최소한 타인과 공간을 함께 사용하는 장소에서는.

참고로, 점검해야 하는 사항이 하나 더 있다. 사람의 생각이 잘 바뀌지 않는 이유는 본인을 둘러싼 주변 사람이 바뀌지 않기 때문이라고 한다. 혹시 카페에 친구들과 함께 갔는데 다른 손님들이 인상을 찌푸린다면? '친구를 바꿀 때가 된 것은 아닐까?' 하고 심각하게 고민해보라는 말도 덧붙인다.

**REMIND**

**사랑이란 타인에게 호기심이 아닌
관심으로 다가서는 것이다.**

# 스치고 지나간 사람을
# 기억하고 말을 건네는 일

한 학원 수강생의 얘기다. 퇴직 준비에 들어간 50대 중반의 남자였다. 슬슬 걱정이 됐다. 눈앞에 닥친 은퇴 후 삶에 답답함만 느끼고 있었다. 무엇을 할까 고민하다가 일단 영어 공부를 해보기로 했단다. 회사 주변의 학원에 다니는 것부터 시작하는 게 낫겠다 싶어 학원에 가서 상담을 하고(방학도 아닌 평일 저녁에 그렇게 많은 젊은 직장인이 영어 학원에 다니는 줄 미처 몰랐다고 한다) 기초 회화 강좌 하나를 수강하기로 했다.

그렇게 개강하는 날이 됐다. 회사에서 여유 있게 나온다고 나왔는데 수업 시간이 임박해서야 학원에 도착했다. 수업이 시작됐는지 엘리베이터 앞에는 기다리는 사람이 몇 명 없었다. 올라갈 층을 눌렀다. 급한 마음에 닫힘 버튼을 여러 번 눌렀다. 그런데 다시 문이 열렸다. 젊은 여학생 한 명이 후다닥 들어왔다. 슬쩍 쳐다보고 4층을 눌렀다. 그 여학생은 3층을 눌렀다. '에이, 1분은 더 늦었네' 하면서 고개를 돌린 채 슬쩍 인상을 썼다.

다행이었다. 열 명 남짓 수강생이 모여 있을 뿐 강사는 아직 오지 않았다. 강사를 기다리는 무료한 공기가 가득했다. 게다가 뻘쭘하기까지 했다. 대부분이 젊은이였기 때문이다. '첫날부터 지각했으면 나이 많은 내가 무슨 망신이었을까' 하고 가슴을 쓸어내리며 빈자리에 앉았다. 가방을 열어 지난번에 미리 사둔 교재를 꺼냈다. 빨간색, 파란색, 검은색이 모두 나오는 삼색 볼펜 한 자루도 꺼냈다. 뭔가 허전했다. '이럴 줄 알았으면 커피 한잔 뽑아 올걸' 하면서 헛헛한 입맛을 다시는데, 강의실 앞문이 열렸다.

"늦었네요. 오늘따라 논현역 사거리 신호가 늦더라고요."

'어라?' 어딘가 눈에 익다. '누구였지?' 고개를 갸웃거리다가 생각해냈다. '아, 나와 함께 엘리베이터를 탄 그 여학생, 아니 강사님!'

강사는 "첫날이니까 출석 한번 확인할게요"라며 수강생 목록을 열었다. 하나둘 수강생의 이름을 확인하면서 얼굴을 익히는 듯했다. 그는 머리를 숙였다고 한다. 괜히 민망하더라나. 결국 차례가 돌아왔다.

"박○○ 님?"

그를 빤히 보는 강사의 눈을 보며 "네"라고 짧게 대답할 즈음 강사의 눈가에 미소가 번졌다.

"우리, 엘리베이터 같이 타고 왔죠? 괜히 더 반갑네요. 환영합니다."

답답했던 마음이 녹아내렸다. "네, 선생님. 잘 부탁드려요"라고 답하고 나서는 자신도 모르게 반가움에 웃음이 '큭' 났단다. 그는 말했다. 엘리베이터 안에서의 내 모습을 기억해주는 말 한마디만으로도 수강 첫날의 긴장된 마음이 풀어졌다고.


요즘 친구들은 인간관계를 스마트폰으로 대체한다는 말들을 많이 한다. 관계의 불편함을 피하고자 적극적으로 혼자가 되려고 한다는 말들도 있다. 하지만 그건 우리가 젊은 그들의 부정적 측면을 확대해서 보는 것 아닐까 싶다. 내가 만난 대부분의 20대와 30대는 그렇지 않았다. 밝고, 따뜻했으며, 인간관계의 적절함을 잘 알고 있었다.

우리는 배워야 한다. 그들이 언제 말하고, 언제 입을 다무는지를 말이다. 따뜻하게 먼저 다가서서 말 한마디 해주는 것, 아무것도 아닌 일일 수도 있다. 하지만 별것 아닌 말 한마디의 위대함을 알아채고 자신도 그렇게 해낼 줄 안다면, 50의 말투는 시대를 대표하는 최고의 말투가 될 수 있다. 경험과 연륜을 포함하여 따뜻함과 적극성까지 갖춘다면 말이다.

스치고 지나간 사람을 기억해준다는 것, 그리고 미소와 함께 표현한다는 것이 받는 사람 입장에서는 얼마나 기분 좋은 일인지 잘 알고 있을 것이다. 무턱대고 하는 알은체는 상대방에게 기분 나쁘게 느껴질 수 있으나, 이렇게 센스 있는 알은체는 인간관계에 긍정적이라는 점을 기억해두자는 것이다.

산전수전 공중전까지 모두 거친 50이다. 그렇다고 앞으로도 늘 팍팍하게만 살겠다는 건 좀 그렇다. 세상을 따뜻한 시선으로 바라볼 줄 알고, 세상을 향해 따뜻한 말 한마디를 할 줄 아는 50이길 바란다. 겸손하고 조심스럽게 한 발짝 먼저 다가서서 알은체하는 건, 약자가 강자에게 하는 비겁함이 아니라 강자가 약자에게 할 수 있는 배려다. 특히 세상의 주인으로 나서고 있는 젊은 사람들과의 관계에선 더더욱 그렇다. 일상을 자신의 것으로 만들어내고 싶은 50이 반드시 알아야 할 삶의 지혜를 오늘 하나 또 배운다.

REMIND

관계의 불편함을 피하고자 적극적으로 혼자가 되려는 그들을
인정하고 배려하는 50의 말투가 필요한 때다.

# 4장

# 더 이상,
# 말로 상처 주지 않는다

결국 '대화의 기술'이란 별것이 아니고
배려와 역지사지인 것 같습니다.
말하는 내 입장보다
먼저 듣는 상대방의 입장을 생각하는 것이죠.

– 문유석

# 하지 말아야 할 말은
# 끝까지 하지 않을 것

나이가 들수록 기억해야 할 것이 있다. 나이를 먹고 지위가 높아질수록 입담보다 말투가 더 중요해진다는 점이다. 나이와 지위는 곧 말투의 '영향력'이기도 하다. 영향력이 커질수록 상대방의 입장을 잘 살펴야 한다. 나에게 어떤 선택 권한이 있을 때 나의 선택을 실행할 사람이 적극적으로 말을 할 수 있도록 해야 한다는 것이다. 자신의 영향력이 커졌음에도 상대방의 생각을 고려하지 않은 채 말한다면, 속된 말로 '꼰대'다. '나이가 들수록, 지위가 올라갈수록 무조건 겸손해지겠다'라는 생각은 대화를 할 때 가장 먼저 고려해야 하는 사항이다.

대학원에서 상담과 코칭 등을 공부했다. 그 과정에서 연구 방법론이란 걸 배우게 되었다. 이는 '어떻게 연구할 것인가'를 배우는 과목이다. 정밀한 연구를 위해서라는 목적도 있지만, 그만큼 연구의 객관성을 높이려는 것이기에 이 과목은 연구자들에게 의미가 크다. 그중에서도 '질적 연구'라는 방법론이 있었다. 이 연구 방법론에서 중시되는 것이 있는데 '판단 중지'라는 기법이다.

판단 중지는 '연구자들은 자료 수집 과정에서 수집될 자료와 관련해 자신이 가진 선입견을 버리고 판단을 보류해야 한다'라는 의미다. 연구자의 주관에 따라 이러저러한 방식으로 채색되기 이전의 살아 있는 자료를 수집하는 방법이다. 즉 연구 대상에 대한 겸손한 이해를 위해 '섣부른 판단'을 중지한다는 말이다.

그런데 지금 생각해보면 판단 중지는 대학원에서 이뤄지는 연구 방법론에만 필요한 게 아니었다. 누군가와 관계를 맺어야 하는 모든 사람에게 반드시 적용되어야 하는 개념이었다. 나이가 많거나 지위가 높은 사람이 자신보다 어리거나 직급이 낮은 사람과 대화할 때 가져야 하는 기본적인 소통의 태도이기도 했던 것이다.

상대방에 대한 선입견, 즉 사전적 판단은 대화에서 오히려 소통의 적이 된다. '어리석은 사람은 당장에 분노를 드러낸다. 하지만 현명한 사람은 모욕을 받더라도 덮어둔다'라는 말을 들었다. 침묵하는 상대방이 어떤 고통에 놓여 있는지를 살펴지 않은 채 섣부른 판단으로 하는 말투의 위험성을 경계하라는 것이다. 그런데 우리 일상은 상대방의 생각을 들어보지도 않고 함부로 하는 말들로 가득하다. 그 편견 가득한 판단도 중지하지 못한 채.

솔직히 말해 나의 모습이다. 50이 되어서도 여전하다. 언젠가 아내가 생활비를 달라고 했다. 나중에야 알았지만 명절을 앞두고 제사상에 올릴 음식을 준비하기 위해서였다. 그런데 나는 다짜고짜 퉁명스럽게 말했다.

"갑자기 무슨 돈? 왜, 첫째 또 과외시키게?"

아내에게만 이런 게 아니었다. 추석 다음 날의 일이다. 중학교 2학년인 아이가 조금 늦게 일어났다. 추석이 끝나고 곧 치러지는 중간고사 시험을 준비하느라 밤늦게까지 공부해서 그런 거였다. 그런 아이를 향해 나는 냉정하기 이를 데 없는 말투로 이렇게 말했다.

"너 또 밤새 게임 했지?"

한부로 판단해서 내뱉는 말만큼 상대를 불쾌하게 하는 것도 없다. 선배 중 한 분은 만나면 말을 늘 편하게 하고, 상대의 심정을 거슬리지 않게 대화를 이끈다. 그분과 이런저런 얘기를 나누다가 말을 잘하는 비결에 대해서 조언을 청했다.

"말을 잘하는 비결이라. 글쎄, 먼저 해서는 안 될 말이 뭔지를 아는 게 중요하겠지. 다음으로, 해서는 안 될 말을 '끝까지' 안 하는 사람이라고 할 수 있을 거야. 그래, 그 사람이 바로 소통의 달인 아닐까?"

'말의 달인이 되는 법', 다시 한번 정리해보자.


첫째, 해서는 안 될 말이 뭔지를 안다.

둘째, 그것을 '끝까지' 말하지 않는다.


50이라면 기억해둘 만한 말투 사용의 기술이다. 해선 안 될 말이 뭔지를 아는 것, 그리고 그 말을 끝까지 하지 않는 것. 생각해보니 별것 아니다. 그런데 실제 대화의 현장에선 어렵고, 또 어렵다. 하기야 갑자기 좋은 말투로 세상과 소통하기가 어디 쉬울까. 50에게 주어진 도전 과제라고 생각해보려 한다. 잘해보고 싶다.

어리석은 사람은 당장에 분노를 드러낸다.
하지만 현명한 사람은 모욕을 받더라도 덮어둔다.

# 상대에게 닿을 수 있도록
# 좋으면 좋다고 말한다

50은 '과묵함'이 미덕이라고 배웠다. 그래서일까. 넘어져도 아프다는 시늉을 안 하고 묵묵히 다시 일어나는 것이 옳다고 생각했다. 진정한 실패란 넘어지는 게 아니라 넘어진 자리에 그대로 머물러 있는 것이라는 말이 있는데, 내가 그동안 배워 온 소통 방식이 딱 그랬던 것 같다. "개떡같이 말해도 찰떡같이 알아들어야지!"라고 말하던 선배들도 있었다. '개떡 같은 말에 개떡이라고 말하지 못했던' 우리 50의 청춘 시절이 너무나 아쉽다. 그래서일까. 50은 '잘못을 잘못이라고 말하지 못하는 것' 만큼이나 '좋은 것을 좋다고 말하는 데'에도 미숙하다.

몇 년 전 〈너의 목소리가 들려〉라는 TV 드라마가 인기를 끌었다. 그 드라마에 OST로 사용된 노래가 있다. 가수 신승훈의 노래인 '너에겐 들리지 않는 그 말'(작가 양재선·작곡 신승훈)이다. 주인공들이 서로 다가설 수 없는 아픈 상황과 그 속에서 한층 깊어진 인물들의 감성을 잔잔히 보여주는 서정적인 노래였다. 감성적인 신승훈의 노래만큼 가사 역시 아름다웠다. 다음은 가사 일부다. 괄호 안을 채워보자. 무슨 말이 들어가야 할까?

언제부터였는지 어디부터 사랑인 건지
나를 버리고 어느새 너에게로 물들어
이제 나는 너여야만 하는데

너는 들리지 않니 세상 모두 아는 내 마음
다른 곳을 바라봐도 사랑 아니라 해도 난 괜찮아
너에겐 들리지 않는 그 말 (          )

정답은? '사랑해'다. 이 노래를 좋아한다. 가수의 목소리가 편하게 들려서 좋다. 하지만 가사는 마음에 들지 않는다. 아니, 마음에 들지 않는다기보다는 '가사처럼 커뮤니케이션하면 문제 아닌가?' 하는 생각이 든다. 내 말은 상대방에게 '들려야' 한다. 들리지 않는 말은 모두 헛것일 뿐이다. 내가 상대방을 사랑한다면 사랑한다고 말해야 하며, 이것은 용기다. 자신에 대한 용기요, 상대방에 대한 배려다. 특히 나와 상대방의 '시간'에 대한 예의이기도 하다. 시간의 순간마다 매듭을 지어야 할 순간이 있는데, 특히 사랑의 경우 그 시간을 놓치면 말의 힘이 약해지고 만다.

우리는 사랑의 말을 해야 할 시기를 자주 놓친다. 그리고 아쉬워한다. 물론 사랑이라는 생각은 저마다의 마음에 주어진 특권이다. 그러니 그 생각을 표현하고 말고는 각자가 알아서 할 일이다. 다만 사랑이라는 특권을 자기 일상에서 실현하고 싶다면 반드시, 정말로 반드시 자신의 입으로 표현하는 용기가 필요하다. 너무 노골적이라고? 그렇다면 미국의 전설적인 대통령, 에이브러햄 링컨의 말에 귀를 기울여보자.

"칭찬을 마다할 사람이 어디 있단 말인가!"

지금 누군가를 사랑하고 있는가? 그렇다면 상대에게 나의 사랑한다는 생각이 들리도록 말해보자. 사랑의 현장에 있는 50에게는 지나친 서두름만큼 안이한 기다림도 문제이니 말이다. 상대방을 사랑하는 50의 생각이 그저 신승훈의 노래 가사처럼

'너에게 들리지 않는 말'이 되어선 안 된다. 그러니 지금 용기 내어 말하자. "사랑해"라고. 말하지 않으면 상대방은 모른다. 그러니 말하자.

"사랑해! 사랑한다고!"

**REMIND**

에이브러험 링컨도 말했다.
칭찬을 마다할 사람이 어디 있단 말인가!

# 분명하고 구체적인 표현으로
# 진심을 전달한다

세상에서 가장 힘든 일이 무엇일까. 사람에 따라 다르겠지만 한 과학자는 '동료가 기쁜 일이 있을 때 그것을 진심으로 기뻐해주는 일'이라고 했다. 얼핏 들으면 '애개? 그게 뭐가 힘들어?'라고 의문이 들겠지만 잘 생각해보면 쉽게 알 수 있다. 생각해보라. 혹시 최근 몇 개월 동안 당신에게 일어난 좋은 일에 대해 진심으로 기뻐하는 동료가 있었는가? 아니 50이 될 동안 나의 일에 기뻐하는 사람이 얼마나 있었는지를 꼽아보자. 생각보다 많지 않을 것이다.

나의 경우를 예로 들면 '그냥' 기뻐해준다는 느낌은 받은 적이 있지만 '자기 일처럼' 기뻐해준다는 느낌은 받은 적이 별로 없음을 솔직히 고백한다. 그것에 대해 불만은 없다. 왜냐하면 그러기가 얼마나 어려운지를 잘 아니 말이다. 그런데 그렇게 어려운 것이라면 오히려 50의 도전 과제로 설정해보면 어떨까. 상대방에게 긍정적인 감정을 표현하는 걸 어색해하고 쑥스러워하는 대신 호감과 애정을 당당히 보여주는 것은 인간관계를 발전시키는 방법이기 때문이다.

어떻게 하면 자신의 감정을 상대방에게 긍정적으로 전할 수 있을까. 다음 세 가지를 염두에 두고 말하면 된다. 첫째, 모호한 어휘 대신 분명하고 구체적인 표현을 사용한다. 둘째, 상대방에 대해 나의 판단은 잠시 접고 긍정적인 감정만을 표현한다. 셋째, 막연한 긍정이 아니라 구체적인 긍정의 감정을 표현한다. '쉬운 듯 쉽지 않은' 이 세 가지를 구체적 사례를 통해 말투로 습관화해보자.

"민희 씨가 없었으면 어제 일이 정말 힘들었을 뻔했어. 힘들었을 텐데 웃는 얼굴로 도와줘서 고마워. 덕분에 집에 일찍 가서 첫째 아이 생일도 축하해줄 수 있었어."
"어제 좋은 일 있었다고 들었어. 내가 왜 이렇게 기분이 좋은

지 모르겠어. 그동안 주위 사람들과 잘 소통하고 연구한 결과가 나타난 거라고 생각해. 정말 축하해."

이런 표현을 자주 하는 50이라면 누구라도 함께하고 싶지 않을까? 결국 나의 행동과 더불어 나의 말투가 나를 설명한다. 그러니 이제 50의 말투는 할퀴고 투쟁하는 것이 아닌 듣는 사람의 기분을 좋게 해주는 것이었으면 좋겠다. 상대방이 중시하는 가치, 자부심을 가질 만한 부분을 구체적으로 언급함으로써 마음 가득한 기쁨을 주는 것이다. 상대방의 정체성과 사명감을 그대로 인정하면서도 디테일한 그 무엇까지 칭찬할 줄 아는 50의 모습은 아름답다.

"잘했어!"
"멋져!"

이렇게 한 마디씩 하는 데 힘이 드는 것도 아니다. 쑥스러울 수는 있겠다. 하지만 그만큼 '매력자본'이 쌓인다는 것으로 위안하면 된다. 사실 상대방이 나에게 관심을 갖고 건네는 말을 들으면 그 내용이 무엇이든 강렬하게 와닿을 수밖에 없다. '어떻게 이런 것까지 알지?' 하는 생각이 들면서, 나에게 이렇게

까지 신경을 써주는 상대방이 특별해 보이고 고맙게 느껴질 것이다. 구체적인 내용을 말해주는 칭찬과 축하를 50의 말투로 적극 추천하는 이유다.

동료가 기쁜 일이 있을 때 그것을 진심으로 기뻐해주자.
진심일수록 분명하고 구체적으로!

# 타인으로 관심이 옮겨갈 때
# 진짜 삶이 시작된다

한 정치인과 그의 부인 얘기다. 그가 당선한 뒤 한 민원인이 찾아왔다. 민원인은 아침부터 정치인이 사는 집을 찾아와 "나의 억울함을 해결해달라" 하며 한참이나 소리를 질러댔다.

경비원이 나와서 달랬지만 오히려 민원인의 목소리는 더 높아졌다. 바쁜 스케줄 탓에 미처 나오지 못한 정치인을 대신해 부인이 나왔다. 그런 부인을 보고 민원인은 "배가 고프다. 아침부터 한 끼도 못 먹고 이러고 있다" 하며 또 소리를 질렀다. 이 말을 들은 정치인의 부인은 오히려 반색을 하며 이렇게 권유했다.

"마침 나도 밥 먹을 참이었는데…. 들어가서 라면이라도 끓여서 같이 드시죠?"

어리둥절해하는 민원인의 손을 붙잡고 부인은 집으로 들어갔다. 잠시 후 민원인은 도저히 집까지 들어갈 수는 없어서 라면만 받아들고 나왔다며 양손 가득 컵라면을 들고 나왔다. 그러면서 "한마디라도 들어주는 게 어딘가. 얘기 들어줬고 밥까지 얻어먹었으니 됐다. 이제 안 올 것이다"라는 말과 함께 웃으며 돌아갔다. 그 민원인의 행동이 잘한 것이라곤 못 하겠지만, 오죽 억울했으면 그곳까지 찾아갔을까 싶다. 그리고 또 하나, 그렇게 찾아온 민원인을 집 안에까지 들여 라면을 대접하고, 억울한 사연을 들어준 정치인 부인의 마음 씀씀이가 대단하다는 생각이 든다.

솔직히 그 민원인의 행동은 잔칫상에 재 뿌리는 일과도 같다. 하지만 그 정치인의 부인은 민원인의 행동을 보며 인상을 쓰기보다는 민원인의 말에 귀를 기울임을 택했다. 결과는? 깔끔한 해결이었다. 그 장면을 보면서 '말하는 건 기술이고 듣는 건 예술이다'라는 말이 옳다는 걸 깨달았다. 나이를 먹을수록 말이나 행동보다는 듣기에 초점을 두어야 함을 알게 됐다. 50의 말투는 우선 듣는 것에서 시작되어야 한다. 잘 들어주고 격려해주는 것, 그게 50이 갖춰야 할 말투의 기술 아닐까. 누군가가 밑도 끝도 없이 소리를 질러댄다면, 그가 악에 받쳐서라기보다 외로워서 그런 것일 터이다. 이때 잘 듣고, 잘 말해주면서 외로울 시간이 1초도 없게만 해준다면 세상의 모든 관계는 아름다워질 것이다.

우울증에 시달리던 한 여행가의 이야기다. 그는 세계를 여행하면서 좋은 사람들을 만나고 다녔지만 여행길까지 쫓아온 우울증에 시달리며 힘들어했다. 새로운 누군가를 만날수록 오히려 사람이 고팠다. 그는 그때 자신의 우울증이 딱 세 가지만 있으면 해결됨을 느꼈다고 했다. 그건 경청, 따뜻한 응원 한마디, 그리고 한 끼의 식사였다. 그는 자기 말에 귀를 기울이고 고개를 끄덕여준 후에 "괜찮아. 잘하고 있어"라는 응원 한마디를 해주고 편안한 식사를 함께해주는 누군가를 보며 어떤 여행지의 황홀한 경치보다 최고의 순간을 마주했다고 말했다.

이제 누군가를 함부로 평가하는 일은 그만두자. 대신 누군가에게 '좋은 사람'이라는 평가를 받으려고 노력해야 한다. 멋진 사람, 대단한 사람, 굉장한 사람이라는 허울만 그럴듯한 명분에 집착하자는 게 아니다. 따뜻하고 괜찮은 사람이 되는 걸 목표로 삼자는 말이다. 이를 위해 가장 먼저 필요한 것이 상대방의 말을 잘 들어주는 것이다. 남의 이야기를 듣기보다 자기 이야기를 하고 싶어 하는 사람들이 세상에 많을수록 말을 잘 들어주는 사람은 더 빛이 난다.

조금 더 욕심을 내보자면, 경청을 넘어선 말하기에도 관심을 두면 좋겠다. 50이라면 이제 상대방의 감정이나 정서를 충분히 이해하고 그것에 공감하는 태도까지도 갖춰야 한다. 앞의 사례에서 본 정치인 아내의 '라면 한 그릇의 권유' 정도는 우리도 충분히 할 수 있는 공감의 기술 아닐까. 아니 '대화의 기술'을 '대화의 예술'로 완성한 하나의 키워드가 아니었을까. 언제 어디서든 타인의 이야기에 귀 기울일 준비가 되어 있다는 것, 이는 타인의 마음을 훔치는 기술의 시작점이다. 거기에 상대방에게 필요한 말을 따뜻하게 해줄 수만 있다면 50의 말투로는 부족함이 없어 보인다.

진정 사람다운 삶은 그저 존재함의 차원에 만족하는 조용한 삶이 아니라 나와 타인의 삶에 눈을 뜨고 거듭 깨어나는 삶이라고 한다. 나의 관심이 나에게서 타인으로 옮겨갈 때 진짜 삶이 시작된다. 상대방의 이야기가 나의 이야기가 되는 순간 세상은 나와 너 그리고 우리로 가득한, 꽤 괜찮은 공간이 될 것이다. 이런 세상에서 살고 싶다는 소망은 다름 아닌 나의 듣기와 말하기에서 시작된다는 평범한 진리를 우리 모두가 간직했으면 좋겠다.

REMIND

타인의 말을 잘 들으면서 공감을 얻어내고,
진심을 담은 말로 감동을 선사한다.

# 잘못에는 사과를 할 줄 아는
# 50이 된다

언젠가 한 기업인이 사회적으로 큰 문제를 일으킨 적이 있다. 조사를 받기 위해 검찰청에 도착한 그는 포토라인에 서서 기자의 질문을 받았다. 기자들은 총 네 가지 질문을 던졌다. 질문과 무관하게 그는 다음의 답변으로 일관했다.

"심려를 끼쳐드려 진심으로 죄송합니다."

"진심으로 죄송합니다."

"진심으로 죄송합니다."

"다시 한 번 심려를 끼쳐드려 진심으로 죄송합니다."

실망했다. 제대로 사과하는 당당한 모습을 기대했는데 전혀 그렇지 않았기 때문이다. 게다가 그의 말에선 진정성이 전혀 느껴지지 않았다. 그는 '누구에게' 죄송하다는 것인지 말하지 않았다. 피해를 본 파트너사 직원들에게? 자기 회사 임직원에게? 가족에게? 국민에게? 대체 그는 누구에게 사과한 것일까. 그래서인지 순식간에 '죄송합니다'라는 말이 네 번, '진심으로'라는 말이 네 번이나 등장했음에도 그의 사과는 짜증과 불쾌감만 증폭시키고 말았다.

나름대로 법조인들의 조언을 받고 한 사과의 말이었겠지만, 공허할 뿐이었다. 정작 용서를 구해야 할 대상의 감정을 읽어내는 데에는 실패했기 때문이다. 비슷한 사례가 또 있다. 한 프로 스포츠 선수가 성폭행 의혹으로 검찰에 출두했을 때의 일이다. 기자들의 질문이 쏟아졌다. 하지만 그는 오로지 한 문장만을 반복했다.

"조사에 성실히 임하겠습니다."

기자가 오죽 짜증이 났으면, "팬들이 실망했는데 똑같은 말만 계속하실 건가요?"라는 질문을 던지기까지 했다. 이에 대한 그의 대답은 어땠을까.

"조사에 성실히 임하겠습니다."

토씨 하나 안 틀리고 동일했다.

그쯤에서 나를 돌아보게 됐다. 나는 과연 나의 실수를 흔쾌히 인정하면서 살아왔던가. 아니었다. 50이 됐지만 그동안 나는 실수나 잘못을 입에 올리는 것 자체를 꺼렸다. '오직 승리', '반드시 달성', '절대 실수 금지' 등의 말에만 관심을 두다 보니 인생의 반 이상을 차지하는 실패의 경험에 대해서는 알려고도 하지 않았다. 그러다 보니 실패를 인정하는 사과의 기술을 배운 적도 없다. 당연히 제대로 된 사과 한 번 하지 못했다. 누군가를 탓할 일이 아니다. 나부터 반성해야 한다.

이제는 나에게 잘못이 있으면 세상에 제대로 표현하는 데 익숙해지려고 한다. 주변을 살펴보니 제대로 사과할 줄 아는 분들도 꽤 많았다. 한 기업인을 안다. 그가 부사장으로 재직 중인 회사에서 언젠가 한 직원이 직속 상사에게 괴롭힘을 당해 우울 증세를 보였다. 그때 그 부사장이 했다는 사과가 기억에 남는다.

첫째, 그는 직원을 직접 불러 묻지도 따지지도 않고 일단 사과했다.

"내가 좀더 잘 살펴서 이런 일이 없어야 했는데 마음이 아픕니다. 모든 것이 내 책임입니다."

직원의 아픔이 그 자신의 잘못 때문이 아님을 확실히 했다.

둘째, 7는 자신이 제대로 하지 못한 일에 대해 시죄하는 모양새를 분명히 했다.

"마음의 아픔을 치유하는 것이 무엇보다 우선입니다. 충분한 휴식을 취하고 다시 돌아오세요. 언제나 환영하겠습니다. 아니, 다시는 그런 일이 없도록 제대로 조치해놓겠습니다."

셋째, 직원을 향해 자신의 아픈 마음을 언급했다.

"제가 ○○○ 과장에게는 마음의 빚이 생겼습니다. 꼭 갚겠습니다."

'죄송하다', '사과한다'라는 뻔한 말이 아니라 진정성이 느껴지는 사과의 말로 조직을 지키고 직원을 보호했다.

그는 사과를 할 줄 아는 사람이었다. 사과란 '하는 사람'의 입장이 아니라 '받는 사람'의 입장에서 그 진정성과 효과가 결정된다는 것을 알고 있었다. 진정성 있는 사과를 할 줄 알기에 관계를 복원하는 데에도 어려움이 없었다.

반성한다. 50이 됐음에도 여전히 실수를 인정하지 않고, 또 그러다 보니 사과 하나 제대로 못 하는 인간이었음을 시인한다. 갈등이 생겼을 때 어찌어찌 웃음으로 끝냈다고 하더라도, 진정한 사과가 동반되지 않았다면 상대방은 '갈등의 해결'로 생각하는 게 아니라 '복수의 시작'으로 간주한다는 걸 몰랐다.

갈등? 실수? 잘못? 할 수 있다. 하지만 결국 그걸 해결하는 건 말투다. 영화 〈헬보이〉의 명대사가 있다.

"삼촌이 그랬어요. 우리는 장점을 보고 누군가를 좋아하지만, 누군가를 사랑하는 건 그 사람의 단점 때문이라고."

말투의 품격은 잘못의 이유가 된 자신의 단점을 마음을 다해 사과하고 반성할 때 완성된다. 상대를 존중하고 배려하며, 자신의 잘못을 분명히 인정하는 사과가 진짜 사과다. 그저 내 마음 편하자고 하는 사과를 하고 있지는 않은지 돌아보고 스스로 경계하자. 잘못된 사과는 십중팔구 상대방의 마음에 앙금만 남길 뿐이다.

**REMIND**

**우리는 장점을 보고 누군가를 좋아하게 되지만,
누군가를 사랑하는 건 그 사람의 단점 때문이다.**

# 리더의 언어는
# 단호하지만 부드럽게

50이면 어느 곳에서나 앞선 사람의 위치에 있는 경우가 일반적이다. 그래서 50 중에는 리더가 많다. 사장, 임원, 가장 등. '리더를 내려놓는 순간 진정한 리더가 된다'라는 누군가의 말에 동의하면서도 '리더다움' 그리고 '리더의 말투'는 따로 있지 않을까 하는 생각을 해본다. 리더로서 50의 말투는 어떤 것일까? 우선 리더의 개념, 즉 '리더다움'이란 무엇인가부터 짚어보자.

리더란 솔선수범하는 자세를 가지고, 변화를 이끄는 사람이다. 변화에 적응하지 못하는 리더와 함께 일하는 구성원들은 불쌍하다. 변화에 대한 절박함 없이 조직을 이끄는 리더는 자신과 함께하는 이들의 조직 내 입지까지 위협할 수 있다. '변화 관리의 대가'로 불리는 미국의 경영학자 존 코터John Kotter는 '리더란 변화를 통해 만들어내는 미래의 모습을 구체적으로 보여주는 인물'이라고 했다. 키워드는 '미래' 아닐까 싶다. 이와 관련하여 예전 직장에서 최고경영자가 신년사로 했던 말씀이 기억난다. 내가 '인생의 문장'이라고 생각하고 마음에 담고 있는 말이기도 하다.

"수준 낮은 하수下手 리더는 '해야 한다'라고만 말합니다. 그것보다 나은 중수中手 리더는 '할 수 있다'라고 말할 줄 압니다. 하지만 우리 회사를 이끌어가는 리더는 고수高手의 언어를 사용했으면 좋겠습니다. 말끝마다 '하고 싶다'를 입에서 떼어놓지 않는 것이 그것입니다."

"고수 리더의 언어는 '하고 싶다'로 완성됩니다"라는 말을 들었을 때 가슴 한구석이 쿵쾅거릴 정도로 짜릿했음을 고백한다. 고수는 시간을 보는 눈이 다르기에 그것이 말투에도 반영되는 것이다. 과거나 현재가 아니라 미래를 바라보는 말투를 사용할 줄 알아야 고수다. 어른이며 제대로 된 50인 것이다. 그런 한편으로, 내가 그동안 얼마나 수준 낮은 말투를 사용해왔는지를 깨닫고 부끄러웠다. 과거에 내뱉은 내 말의 저열함에 슬펐지만, 새롭게 습관화할 미래의 언어를 발견했다는 사실에 기뻤다. 그분의 말씀은 그걸로 끝이 아니었다.

"리더가 '하고 싶습니다'를 말할 줄 알고, 그 앞에 '그럼에도 불구하고'라는 접속사까지 붙일 수 있다면 최고입니다. 어려운 여건에서도 뜻을 굽히지 않은 채 '그럼에도 불구하고 하고 싶다'라는 말을 할 줄 아는 리더가 되십시오. 리더를 따르는 구성원들에게 '저 사람 믿을 만하다'라는 확신을 심어주는 말투니까요."

나는 이제 이 한 문장을 습관처럼 되뇌고자 한다.
"그럼에도 불구하고 하고 싶다."
누구를 위해? 나 자신은 물론 나를 바라보는 후배, 나에게 기대하는 바가 있는 선배 모두를 위해서다. 그동안은 '그것 때문에', '해야 하는데' 등의 말투가 입에 붙어 있었지만 50이 되어, 리더가 되어, 이번 기회에 그 말투를 변화시켜보려고 한다. 단점은 부끄러워할 만한 것이지만 단점을 고치는 것은 자랑스러운 일 아닌가.

말하기만큼이나 듣기가 중요하다고 했다. 한 조직의 최고 리더가 했다는 말이 기억난다. 그는 취임 1년이 되는 시점에 이렇게 말했다.

"지난 1년, 과분한 사랑을 받았습니다. 이곳을 떠날 때쯤이면 '음, 많이 달라졌어. 일하는 게 나아졌어'라는 말을 꼭 듣고 싶습니다."

소박하지만 울림이 있는 말이었다. 이렇게 말하는 게 별것 아닌 것 같아 보이지만 실제로 하기는 쉽지 않다. 자신의 의지를 말하고 상대방에게 책임을 지우는 말이 아닌, 깔끔하면서도 겸손한 말이다. 나라면 어떻게 말했을까? 아마 이랬을 것 같다.

"이곳을 떠날 때쯤 여러분에게 '음, 많이 달라졌어. 일하는 게 나아졌어'라는 말을 들을 수 있으려면, 저는 더 노력해야 합니다."

차이점이 보이는가? 듣는 입장에서 볼 때 내 말투는 리더인 내가 조직 구성원들에게 뭔가 짐을 지우는 느낌이다. 리더인 나 자신의 책임은 회피한 채 말이다. 그야말로 하수의 언어다. 중수의 언어라면 아마도 이렇지 않을까.

"제가 이곳을 떠날 때쯤이면 '음, 많이 달라졌어. 일하는 게 나아졌어'라는 말을 들을 수 있을 것 같습니다."

부탁 노는 구걸하는 느낌은 사라졌지만, 대신 '된다는 거야, 안 된다는 거야?'라는 의문이 든다. 자신 없어 보이기에 리더의 말로서는 매력이 없다.

'하고 싶다', '듣고 싶다' 같은 고난도의 세련된 말하기를 원하는 50이라면 기억하고 활용해볼 만한 표현이다. '내가 얼마나 이것을 이루어내고 싶은지'를 상대가 느끼게 해주는 동시에, '이렇게 했을 때 펼쳐질 멋진 미래를 다 함께 떠올려보자'라는 확신에 차 있기 때문이다. 때로는 부탁하는 말투도 겸손을 포함한다면 괜찮을 것 같다. '내가 이것을 이루어낼 수 있도록 옆에서 응원해주고 함께 노력해달라' 정도의 말이라면 듣는 사람도 부담이 없을 것이다.

무조건 자신이 앞장설 테니 따라오라고 하는 권위적인 리더의 시대는 끝났다. 바람직한 리더 그리고 바람직한 50이란, 변화된 미래를 함께 만들어갈 수 있는 단호하지만 부드러운, 그러면서도 듣는 이가 능동적으로 행동하도록 동기를 부여하는 말투를 사용하는 사람이다. 말투에서 지혜와 교양이 드러난다고 한다. 50의 말은 방패와 같아야 하며, 동시에 희망을 줄 수 있어야 한다. 그것을 위해서라도 지금 당장 말해보자.

"하고 싶습니다."

"듣고 싶습니다."

REMIND

50의 말은 방패와 같아야 하며,
동시에 희망을 줄 수 있어야 한다.

# '아름다워!' '멋져!'가
# 자연스럽게 나와야 한다

　'50' 그리고 '남자', 이 두 가지 키워드만으로 어떤 사람일지 추측해보라고 한다면 어떤 답들이 나올까. 여러 가지가 있겠지만, '문화(예술)와는 담을 쌓고 사는 사람'이 대표적이지 않을까 싶다. 실제로 그렇다. 미술관에 가든, 연극을 보러 가든, 독서 모임에 가든 모두 여자뿐이다. "바쁜데 무슨 예술이야?"라는 남자들의 목소리가 들린다. 나도 남자다. 그래서 반문하고 싶다.

　"진짜 바빠요?"

　예술을 모르면 아름다움을 모른다. 아름다움을 모르는 사람이 어떻게 자기 인생을 아름답게 설계할 수 있겠는가. '내가 아름답다고 느끼는 것은 무엇인가'를 자신에게 묻고 답할 줄 모르는 사람은 인생이 아름다울 수가 없다. 아름다움을 모르는데 세상이 어떻게 아름다워 보이겠는가.

이쯤에서 여자를 배운다. 여자의 생활양식에 관심을 둔다. 늦었지만, 늦어도 무지하게 늦었지만 말이다. 침체는 경기 침체만 있는 게 아니다. 인생 침체도 있다. 돈이 가득 있어도 아름다움을 모르면 인생 침체에 이르기 딱 좋다. 스스로 인생 침체에 이르게 한다는 것, 결국 스스로 운명을 무채색으로 칠하는 건 아닐까. 그래 놓고선 "외로워!"라고 부르짖어봐야 아무도 인정해주지 않을 것이다.


남성 잡지 〈레옹LEON〉의 표지 모델로 가장 많이 선정돼 기네스북에 오른 이탈리아 출신 모델 '지롤라모 판체타Girolamo Panzetta'는 '자유분방한 클래식'을 강조하는 것으로 유명하다. 1962년생인 그는 예순이 가까운 나이에도 패션 업계에서 젊은 친구들과 어울린다. 사람들은 그가 그럴 수 있는 이유로 "아름다우시네요", "멋지네요"를 말하는 데 거침이 없는 그의 말투를 꼽았다. 이 아저씨, 아니 이 형님, 멋지다. '들이댐'의 힘을 적절하게 써먹을 줄 안다. 나는 누군가에게 이런 말을 한 적이 있었던가? 용기가 없었다. 이제 용기를 내야 한다. 일단 '미쳤다' 생각하고 아내에게 한번 말해봐야겠다.

"당신, 아름다워."

인생은 편지의 추신과 같다. 너무 논리만 따지면, 너무 팩트만 따지면 삶이 죽어버린다. 그러니 이제 거침 없이 말할 줄 알아야 한다.

'아름답다!'고, '멋지다!'고.

**REMIND**

**예술을 모르면 아름다움을 모른다.**
**아름다움을 알아야 세상도 아름다워 보인다.**

# 의도를 왜곡하는
# 잘못된 말투

    A는 마흔을 눈앞에 둔 남성이다. 아직 미혼이다. 그렇다고 그가 결혼하지 못해 안달이 난 사람은 아니다. 오히려 자기 생활을 할 줄 아는, 낭만적인 남자다. 그의 자유로움을 뒷받침해주는 성실함이 멋졌다. 하지만 그에게도 사랑은 필요했다. 부모의 사랑 말고, 친구들의 우정 말고 연인에게서만 느낄 수 있는 미묘한 감정의 기쁨을 누리고 싶었다.

    그와 내가 함께하는 그룹이 있다. 맛있는 음식, 그리고 그에 어울리는 와인을 함께 즐기는 모임이다. 어느 날 A와 나, 그리고 음식 하나로 제주도에서 최고의 맛을 선사해주는 (물론 온전히 니의 편딘이지만) 한 부부, 이렇게 네 명이 만나게 됐다. 나이 마흔이 넘어 음식을 통해 만났다는 부부. 젊은 사람 특유의 '알콩달콩'은 아니었지만, 서로 위하고 돕고 격려하는 모습에 절로 눈길이 갔다. 아마 와인 한두 잔쯤을 마시고 난 다음인 것 같다. A가 그 부부를 향해 한마디를 슬쩍 던졌다.

"부러워. 나는 언제 저럴 수 있을까."

부부는 A의 말에 머쓱해했다. 그때 내가 말했다.

"뭐야, 세상에 여자가 얼마나 많은데! 아무나 잡아서 결혼해."

농담 반, 진담 반으로 던진 나의 말에 A의 얼굴이 어두워졌다. 볼멘소리가 나왔다.

"형님, 그래도 어떻게 '아무나'하고 결혼할 수 있겠습니까."

나는 좋은 뜻으로 한 말이었다. 내가 하려던 말은 "걱정하지 마. 세상에 여자가 많으니 언젠가는 좋은 사람이 나타날 거야"였다. 하지만 말투가 의도를 왜곡하고 말았다. '아무나'라는 단어 한마디가 A에게 모욕감을 줬다.


'스럽다'란 말이 있다. 접미사로 '그러한 성질이 있음'이란 뜻이다. 의미 자체로는 중립적이어서 호불호가 나타나지 않는다. 하지만 우리의 언어생활에서는 부정적인 의미로 더 많이 쓰이는 듯하다. '꼰대스럽다', '억지스럽다'처럼. '스럽다'에 무슨 죄가 있을까. 이제 '스럽다'에 긍정적인 의미를 부여하면 어떨까. 예를 들어 '50스럽다'라는 말이 답답함, 고집 셈 같은 뉘앙스보다는 편안함, 여유로움 등으로 사람들에게 다가서면 좋겠다.

그러려면 각자 자신의 자리에서 사용하는 말투부터 조심해야 할 것이다. 예를 들어보자. 우울증에 걸려 정신의학과를 찾은 누군가가 있었다. 대기실에서 기다리는 초라함을 이겨내고 의사와 마주한 순간, "제가 예전처럼 생활할 수 있을까요?"라고 물었다. 그런데 의사라는 사람은 모니터만 쳐다보면서 "글쎄요. 이런 병은 어차피 완치라는 게 없어서 말이죠"라고 했단다. 이 의사는 '의사스러운' 말을 한 것일까. 희망을 주기보다는 절망을, 믿음을 주기보다는 의문을 주기만 하는 말이다. 제대로 된 의사라면 이렇게 말했어야 하지 않을까.

"예전보다 더 좋아질 겁니다. 우울증을 통해 선생님의 약한 부분을 알게 된 거예요. 그걸 알게 되었으니 이제 조심하게 될 것이고 그 과정에서 오히려 더 강해질 수 있을 겁니다. 약점 덕분에 강해질 기회를 얻었다고 생각하세요. 저 역시 잘 도와드리겠습니다."

한 의사는 권위적이고 일방적인 대화를 하는 사람이고 또 다른 의사는 격려하고 응원하며 지지해주는 말투를 사용하는 사람이다. 막막한 상황에 처한 사람을 향해 원론적인 얘기만 하는 사람은 부정적으로 '의사(선생님)스러운' 말투를 사용하는 것이고, 비록 지금 당장은 답답하더라도 내일을 보면서 '기회'라고 불러야 한다는 사람은 긍정적으로 '(의사)선생님스러운' 말투를 사용하는 것이다. 이제 자신에게 물어보자. 우리의 '50스러운 말투'는 과연 어떤 것이어야 할까.

부정적이고 냉정한, 경멸의 말투를 아무렇지도 않게 사용한다면 그 이상의 관계는 맺기 어려울 테다. 제대로 된 50이라면 말 한마디를 할 때조차 과연 그 말이 상대방의 삶을 있는 그대로 긍정하겠다는, 소통의 기본적인 예의를 갖춘 것인지를 고민해야 한다. 그것이 진정 '50스러운' 말투다.

REMIND

**50스럽다라는 말이 답답함, 고집 셈이 아닌
편안함, 여유로움으로 바뀌길!**

# 믿음을 핑계로
# 강요하지 않는다

어느 날 초등학교 친구들을 만났다. 50을 눈앞에 둔 가을이
었다. 친구들은 초등학생 때의 모습 그대로였다. 그게 참 재밌
다. 초등학생 때 의젓했던 녀석은 여전히 의젓하고, 초등학생
때 새침했던 아이는 여전히 새침하다. 그 모습 그대로를 보는
것만으로도 위로가 된다. 늘 변하라고만 윽박지르는 세상에
살아서 그런 걸까. 변하지 않아도 이렇게 잘사는 모습이 있다
는 걸 발견한 듯 뿌듯함이 마음에 가득해졌다. 변하지 못함을
탓하기보다는 변하지 않고 잘 견뎌낸 일상의 나날들에 가끔은
박수를 쳐주고 싶은데, 바로 그때가 그랬다.

전어구이가 한창일 때 모여서인지 전어회와 전어구이가 식사 메뉴였다. 세상의 수많은 며느리를 홀린다는 전어라지만, 내 입에 전어회는 그저 그렇다. 일단 식감이 텁텁하다. 고소하다고 하는데 나에게는 비릿하다. 씹는 맛도 별로다. 하지만 전어구이는 좋아한다. 고등어나 삼치와는 또 다른, 그 '불맛' 가득하게 고소한 맛은 술을 좋아하지 않는 나도 소주 한두 잔을 하게 하는 매력이 있다. 친구들과의 왁자지껄한 대화도 안주처럼 꼭 껴야 한다.

아마 전어구이를 두세 번 추가한 후였을 거다. 중년 남녀가 만나서 대화를 하면 무슨 주제가 나올까. 뻔하다. 휴가 때 놀러 간 동남아의 리조트 이야기, 지난 주말 닭볶음탕을 맛있게 먹었던 맛집 이야기, 작년에 바꾼 차 이야기 등 들어봐야 아무런 쓸모도 없는 비생산적인 일화로 가득하다. 뭐, 그럼 어떤가. 어릴 적 친구들이니. 그런데 하나 더, 절대 빠지지 않는 소재가 있으니 다 키워놓은 또는 키우고 있는 아이들 이야기다.

나도 아이들이 한창 자라고 있기에 이런 말들이 나오면 뻔한 얘기일 거라고 생각하면서도 무심코 귀를 기울이게 된다. 말 잘 듣는 아이, 공부 잘하는 아이의 얘기도 재밌지만(한편으로 부럽기도 하고) 엄마, 아빠 속을 썩인다는 아이들 이야기에 좀 더 관심이 간다. 예를 들어 다른 아이들하고 싸움질이나 하고 공부보다는 그 밖의 것에 더 열심인 아이들 말이다. 앞으로 내게 닥칠 일들을 간접 체험하는 기분이랄까.

그러던 중 중학교 다니는 아들과 딸을 둔 한 친구가 아이들과 대화가 안 되어서 고민이라는 얘기를 꺼냈다. 도대체 할 말도 없고 무슨 말을 해도 아이들은 무반응이라는 것이다. 어떤 말로 대화를 시작해야 할지 모르겠다는 친구의 말에 이미 늦었다고 말하는 친구도 있었지만, '그래도 너를 믿는다' 같은 말로 시작해보라고 조언하는 친구도 있었다. 그런데 '너를 믿는다'라는 말에 대해 의외의 반응이 나왔다.

'너를 믿는다는 말이야말로 듣는 사람 입장에서 제일 무서운 말'이라는 거였다. 중·고등학생들이 부모한테 가장 듣기 싫어하는 말로 "아빠는 너를 믿어"와 같은 '무작정 신뢰'의 대화법이 꼽혔단다. 한 친구가 농담처럼 한마디했다.

"맞아. 누가 나에게 '너를 믿어'라고 하면 난 바로 '아니야. 나절대 믿지 마'라고 할 거야."

친구들 사이에서 웃음이 터졌다. '맞아, 누군가가 나에게 믿는다고 말하면 정중하게 거부할 거야'라는 표정들이었다. 그동안 믿음을 핑계로 강요하는 말을 숱하게 들으며 살아왔기 때문이리라.

50이 되어보니 정말 그렇다. 이젠 누군가의 믿음에 호응하는 대신 누군가를 일방적으로 믿으려는 태도가 더 강해졌다. 그런데 그 믿음을 곰곰이 생각해보면 그리 건전하지 못하다. 불순하다. 내가 상대방에게 던지는 믿음(?)의 말은 믿음 자체가 아니라 믿음을 가장한 강요인 경우가 많았기 때문이다.

"김 대리, 내가 믿는 거 알지? 어떻게 해서든지 목표 달성할 것으로 알고 있을게."

"이번 기말고사, 지난번보다 좋겠지? 아빠는 너를 믿는다."

"당신이 알아서 판단 잘하리라고 믿어."

말은 던지는 사람에게는 가벼울 수 있지만 받는 사람에게는 무거운 법이다. '믿는다'라는 말을 편하게 한 것이 상대방에게 답답함을 안겼다면 결국 신뢰를 표하려던 시도는 실패한 셈이다. 그만큼 말이란 게 어렵다. '네가 입 밖으로 내지 않는 말은 너의 노예이며, 입 밖으로 내는 말은 너의 주인이다'라는 아랍 속담처럼, 말은 아끼고 아껴 돈처럼 써야 한다.

**REMIND**

**입 밖으로 내지 않은 말은 나의 노예지만,**
**입 밖으로 내어버린 말은 나의 주인이다.**

# 어떤 상황에서도
# 상대의 반응을 섣불리 예상하지 않는다

몇 년 전, 한국을 떠들썩하게 한 소설책이 있다. 한국인 최초로 맨부커상을 받은, 작가 한강의 연작소설 《채식주의자》다. 맨부커상이 어떤 상인지는 잘 모른다. 그냥 엄청난 상이라고 하니까 그런가 보다 할 뿐이다. 무슨 상을 받았다는 책들이 그렇듯, 이 책 역시 평론가들은 극찬을 했다. '인간의 욕망, 죽음, 존재론에 대한 근본적인 성찰을 담은' 작품이라는 말에선 거부감이 들 정도였다. 욕망, 죽음도 어려운데 존재론에 성찰까지, 아휴, 복잡하다. 이럴 땐 그냥 나의 시각으로 읽어보면 된다. 어차피 내 인생도 '그들'의 인생만큼 만만치 않은 경험이

축적된 것이니 말이다.

내가 읽은 《채식주의자》는 의외로 단순했다. 줄거리도 간단했고, 철학적인 용어도 없었다. 존재론, 욕망, 죽음 등을 어렵게 풀이한 구절도 없었다. 읽고 난 후의 느낌도 명확했다(물론 나의 기준에서다). '대한민국의 (성질 나쁜) 남편들이 아내와 좋은 관계를 유지하기 위해 꼭 읽어야 할 책' 정도로 정리할 수 있겠다. 차분히 곱씹으면서 읽어보면 남성(특히 가부장적인)의 말과 행동이 어떻게 한 사람, 특히 배우자의 인격을 망가뜨리는지 잘 알게 될 것 같아서다. 물론 전혀 다른 시각으로 읽는 사람도 있을 테니(어차피 소설을 읽는다는 건 읽는 사람 자신의 인생이 반영된 것이니까) 의견이 전혀 다를 수도 있다. 참고로 줄거리 일부를 소개하자면 대략 이렇다.

나는 한 여자의 남편이다. 그런데 어느 날부터 갑자기 아내가 '모든 육식'을 거부한다. 자기만 안 먹으면 모르겠다. 나에게도 고기로 된 반찬을 안 해준다. 속된 말로 나는 '고기 마니아'인데 말이다. 그뿐이랴. 직장 회식으로 삼겹살이라도 먹고 오면 고기 냄새가 난다고 옆에도 오지 못하게 한다. 화가 난다. 참다못해 장인어른과 장모님께 알려서 아내가 정신 차리게(!) 해달라고 했다. 시골에 계신 장인, 장모님이 아내에게 전화를 걸어 "도대체 너 왜 그러느냐?"라고 혼을 내셨다.

그렇게 긴장된 날들이 지나던 중 장모님의 생일을 맞이하여 일가친척이 모두 모였다. 장모님이 정성스럽게 준비한 탕수육을 아내는 물끄러미 바라만 본다. 참다못한 장인어른, 한마디한다.

"보고 있으려니 내 가슴이 터진다. 이 아비 말이 말 같지 않아? 먹으라면 먹어!"

장인어른의 말에 나는 아내가 '죄송해요, 아버지. 하지만 못 먹겠어요'라고 대답하리라고 예상한다. 하지만 아내는 그저 담담히 말한다.

"저는 고기를 안 먹어요."

'못' 먹는 게 아니라 '안' 먹겠다고 의지를 표현한다. 일이 터진다. 베트남전에도 다녀온 역전의 용사 출신인 장인어른은 옆에 있던 사람들에게 아내의 팔을 붙잡게 한다. 외마디 비명을 지르는 아내의 입을 벌려 탕수육을 밀어 넣으려 한다. 그리고….

소설에서 특히 내가 집중했던 장면이 이 부분이다. 나는 이 장면에서 아내와 장인어른의 다툼을 바라보던 남편의 생각에 집중했다. 그는 장인어른의 말에 아내가 "못 먹겠어요"라고 말할 것으로 '예상'한다. 어쩌면 장인어른 역시 그랬을 터이다. 하지만 '못' 먹는 게 아니라 '안' 먹겠다는 말에 사건이 벌어진다. 주인공인 니외 장인이른 모두 아내의 말을 함부로 '예상'했기에 나온 결과다. 그렇다. 우리의 말투가 늘 그렇고 그런 수준을 벗어나지 못하는 이유는, 50이 되어서도 말의 덕을 보기보다 피해를 보는 경우가 많은 이유는, 말을 하면서 상대방의 반응을 예상하기 때문이다.

얼마 후 한 독서 모임에서 이 책으로 토론을 하게 됐다. 역시 책은 혼자 읽는 게 아니다. 혼자 읽더라도 그 내용을 바탕으로 다른 사람들과 토론을 하면 내가 읽은 책의 질적 수준이 급격하게 상승하니 말이다. 이 토론 역시 나에게 너무나 유익했다. 내가 모르는 이야기들을 들을 수 있었기 때문이다. 중학교 2학년짜리 아이를 키우는 한 엄마는 아이가 사춘기에 접어들면서 대화의 부재로 고민이 많았고 그 고민을 풀기 위해서 노력했다고 한다. 그런데 책을 읽고 토론을 하면서 해답을 얻게 된 것 같다고 했는데 그 말이 무척 감동적이었다.

"앞으로 아이와 대화할 때 딱 하나만큼은 지키기로 했어요. 그건 바로 '아이와 대화를 할 때는 절대 아이의 말을 예상하고 듣지 않겠다'라는 것입니다."

늘 인생에 정답이 있다고 생각해왔던 나 역시 누군가의 말을 들을 때 어떤 말이 나올지를 섣불리 예상하고 기대하진 않왔는지 되돌아본다. 듣고 싶은 말을 예상하지 않을 줄만 알아도 50의 말투는 한결 부드러워진다. 상대방이 말하는 도중에도 자신이 원하는 말이 나오지 않으면 성질이나 내고, 삐치며, 반박할 거리를 찾느라 들을 줄도 모르는 50의 모습은 어린애만도 못하다. 나는 과연 어떤가. 어떻게 말하고 어떻게 듣고 있는가. 예상하지 않고 들을 수 있는가.

참고로 '웃픈' 이야기가 있어서 소개하고자 한다. 한 취업 준비생이 면접을 볼 때 자기소개를 하면서 '채식주의자'라고 했더니 나이 지긋한 임원이 "그럼 회식할 때 어떻게 할 거예요?"라며 인상을 찡그렸단다. 다양성을 전혀 인정하지 못하는 '꼰대'의 마인드…. 언제까지 그렇게 살 것인가. 취업 준비생의 불쾌감은 기성세대를 향한 혐오감으로 바뀌지 않을까? 나조차 이렇게 불쾌한데 말이다. 자신의 경험이 마치 세상의 절대적 경험인 듯 착각하며 타성과 아집으로 똘똘 뭉쳐 있지는 않은가. 유연하기는커녕 답답하기 이를 데 없는 50의 말투를 그대로 유지하면서 인간관계를 맺으려 한다면 가까이 있던 사람도 떠나지 않을까.

'채식주의자'라고 말하는 상대방을 향해
"그럼 회식할 때 어떻게 할 거예요?"라고 말하는 50은 되지 않기를.

# 의미 없는 구호로는
# 공감을 이끌어내지 못한다

일요일 오전, 동네 카페는 한가했다. 편안한 시간을 보내고 있었는데, 예닐곱 명이 우르르 들어왔다. 50 전후의 남자들이 대부분이었다. 걱정이 됐다. 여유롭고 평화로운 시간은 끝이라는 생각에. 힐끗 보니 함께 온 젊은 여성 한 분이 남자들의 주문을 받아 적느라 바쁘다.

이럴 땐 도망쳐야 한다. 하지만 이제 막 에스프레소가 나와 마시려던 참이었다. 다른 카페로 갈 수도 없는 노릇이었다. 가능하면 저 사람들과 멀리 떨어진, 얼굴이라도 안 보이는 곳을 찾았다. 저 멀리 구석자리가 보였다. 서둘러 읽던 책을 덮고 가방에 넣었다. 자리를 옮겼고, 니는 다시 평화를 찾았나.

얼마나 지났을까.

"파이팅!"

'뭐야?' 하면서 바라보니 아까 그 사람들 무리에서 나온 외침이었다. 그중에서도 나이가 제일 있어 보이는 남자가 주먹을 쥐고 팔을 들어 구호를 외친 것이다. 나머지 사람들도 그 구호를 따라 외쳤다.

"파이팅!"

"파이팅!"

"파이팅!"


사람들은 왜 부끄러운 줄을 모를까. 주말 오전의 편안함을 누리는 사람들은 눈에 보이지도 않는 것일까. 나이가 들면 귀가 들리지 않는다는 말을 듣긴 했지만, 저들은 눈조차 보이지 않는 걸까. 게다가 지금 세상에 무슨 '파이팅'인가. 파이팅을 외치면 파이팅이 잘되는가? 하나 더, 가장 먼저 파이팅을 외친 바로 그 사람에게 묻고 싶었다.

"당신의 파이팅을 따라 하는 사람들보다 제대로 파이팅하면서 살아왔나요?"

누군가를 밟고 올라가는 경쟁의 그늘에서 30대, 40대를 살아왔다고 해도 50이 되어서 사람들에게 파이팅을 강요하는 건 우습다. 50이 되어서도 후배들을 향해 하는 말이 고작 "다 죽여 버려! 싸워 이기라고!" 정도밖에 안 된다면 서글프다. 세상이 변했기에 50이라는 위치도 변했다. 변한 세상에서 50의 말투 역시 달라져야 한다.

"자신의 정력에 자신이 없는 남자만큼 상대방에게 오만하고 공격적인 사람은 없다."

프랑스의 작가이자 철학가 시몬 드 보부아르Simone de Beauvoir 의 말이다. 이 말을 굳이 인용하지 않더라도, '파이팅'을 선창 하며 따라 외치게 한다는 건 그만큼 파이팅하지 못하고 살아 왔다는 증거가 아닌지 스스로 반문해봐야 한다. 물론 자신감 은 있어야 한다. 하지만 자신감이 오만으로 변하는 순간 관계 는 끝이다.

특히 젊은 세대와 소통하길 원하는 50이라면 더더욱 말투에 조심해야 한다. 젊은이에게 배우려면 나이 먹은 사람 특유의 아집은 버려야 한다. 그러려면 세상을 알아야 한다. 세상이 지 금 어떻게 흘러가고 있는지 모른 채 의미 없는 감탄사나 외치 고 있는 50에게는 누구도 다가오지 않는다.

참고로 '파이팅'은 영어가 아니라고 한다. 일본식 표현으로 잘못된 용어란다. 이 말은 일제 군국주의의 유산으로, 싸우자는 의미의 '화이또'에서 유래한 것으로 추정된다. 국내에서는 '잘해보자' 또는 '힘내자'라는 의미로 단체 활동을 할 때 거의 예외 없이 등장하지만, 실제로 미국에서는 쓰지 않는다고 한다. 그 대안으로 '으라차차!' 또는 '으샤!'를 사용하자는 견해가 우리나라 스포츠계에서 제기되고 있다고 한다.

어쨌든 나는 '파이팅'이든 '으라차차'든, 상대방이 살아온 날들을 무시하는 일방적인 구호의 외침은 이제 그만했으면 좋겠다. 열심히 살아온 상대방을 향해 선창하는 '파이팅'은 '똑바로 하라'는 훈계처럼 들릴 뿐이다.

**REMIND**

자기의 정력에 자신이 없는 남자만큼
상대방에게 오만하고 공격적인 사람도 없다.

# 5장

# 50에는
# 조금 힘 빼고 말하기

● ●

자신과 대화하는 법을 모르는 것,

자신을 배려하지 않는 것이야말로

'무례'입니다.

– 채운

# '만약'에 얽매이지 않고
# '이제부터'를 가까이

죄수가 교도소에서 가장 많이 생각하는 것 중의 하나가 '만약'이라는 단어라고 한다. '만약 내가 그때 그런 선택을 하지 않았더라면 어땠을까?' 하는 가정들 말이다. 부질없는 생각이라는 건 그들도 안다. 하지만 주체할 수 없을 만큼 많은 시간 속에 던져진 그들이기에 생각에 생각이 꼬리를 물게 된다고 한다.

만약 그때 사업을 확장한다면서 고금리 대출에 손대지 않았더라면….

만약 신용이 좋지 않았던 ㄱ 거래처와 물품 공급계약을 맺지 않았더라면….

만약 부도 직전의 회사를 일으키겠다고 사채업자를 찾아가지 않았더라면….

'만약'이라는 단어를 수없이 되뇌어봐야 자신에게 돌아오는 건 마음의 아픔뿐이다. 어디 죄수뿐일까. '만약'이라는 단어에 갇혀 있는 건 나도 마찬가지다. 차마 부끄러워서 말할 수조차 없는 수많은 '만약'의 목록은 50이 되어서까지 나를 괴롭힌다. 그런데 '만약'은 스스로가 생각하기에 만족하지 못하는, 자신에 대한 최소한의 자존심 지키기일 수도 있으니 무작정 배척해야 할 단어라고 말하긴 어렵다.

하지만 50이 되어서도 '만약'이라는 생각의 그늘에 깊게 빠져 있다면, 자신에게 벌을 주고 있는 것과 같다. 50은 '만약'이라는 단어와 헤어질 나이다. 대신 가까워질 단어가 하나 있다. 그건 '이제부터'다. 이미 틀어져 바로잡을 수 없는 일을 더듬거리며 원인을 찾는 대신, 앞으로 발생 가능성이 있는 문제를 예측하고 미리 대응책을 마련하는 것이다.

미국 최고의 뮤지컬 영화라는 〈사랑은 비를 타고〉는 주인공진 켈리Gene Kelly가 빗속에서 오랫동안 춤을 추는 명장면으로 유명하다. 그때 진 켈리는 들고 있던 우산을 펼치지 않았다. 아니 펼쳤던 우산을 접어서 자신의 기쁜 마음을 표현하는 소품으로 사용했다. 비를 흠뻑 맞으면서도 말이다. 뮤지컬의 원래 제목은 'Singing in the Rain'이다. 그렇다, '우산 아래서 노래를'이 아니라 '빗속에서 노래를'이다. 핵심은 '비'에 있다. 비는 두려움이다. 두려움에 정면으로 마주하는, 아니 기쁨으로 승화한 한 사람의 모습이 꽤 근사하지 않은가.

50이라면 이제 새롭게 다가오는 시간을 두려움 없이 맞이할 여유가 있어야 한다. '두려움과도 춤을 출 수 있을 정도의 여유'가 50의 우리에겐 더욱 필요하다.

"모험은 평범한 모든 사람이 할 수 있다. 하지만 모험을 향한 꿈을 꾸는 것이 무엇보다 중요하다."

산악인 에드먼드 힐러리Edmund Hillary의 말이다. 모험에 나서기 전 꿈부터 꾸어야 한다. 꿈은 '만약'에서 벗어나 '이제부터'에 익숙해지는 것이다. 우산 아래서 두려움에 떠는 게 아니라 '그깟 비쯤은' 하고 당당해지는 것이다.

인생은 선택이 가득한 하루하루로 이루어져 있다. 50의 말투에 '이제부터'라는 단어를 습관화한다면 늘 해오던 것과는 정반대의 선택을 해낼 수도 있을 것이다. 그렇게 자신의 진부함에 반항하고 반역해보는 건, 꽤 괜찮은 일이다. 자기 자신을 뒤집어엎은 사람들만이 성공에 이른다. 세상에 이야깃거리를 제공한다. 이 모든 것의 출발점은 '만약'에 얽매이지 않는 대신 '이제부터'를 외치는 50의 말투다.

REMIND

**모험은 평범한 모든 사람이 할 수 있다.**
**하지만 모험을 향한 꿈을 꾸는 것이 무엇보다 중요하다.**

# 불행을 최대한 피하면
# 행복은 절로 찾아온다

행복을 늘려가려고 했었다. 50 이전까지는. 지금은 조금 다른 생각을 하게 됐다. '이제부터 삶을 불행하게 만드는 요소를 줄여나가겠다'라는 마음가짐이 더 앞선다. 고대 그리스인들은 '불행을 최대한 피하면 행복은 알아서 찾아온다'라고 믿었단다. 사실 행복감이란 게 오래 지속되는 감정은 아니다. 짧으면 몇 초, 길어야 한 시간일 뿐이다. 그 짧은 순간의 행복을 맛보려고 안달하기보다 장시간 불행을 느끼지 않는 상태를 만들어내는 것이 제대로 된 삶이라는 통찰에 공감한다.

인간관계도 마찬가지다. 모든 사람과 좋은 관계를 맺으려고 하다 보면 녹초가 되기 쉽다. 사실 우리는 지금까지 그렇게 살아왔다. 하지만 이제 이렇게 말할 수 있어야 한다.

"나는 나를 해치지 않는 사람에게만 베풀 거야."

이기적으로 느껴질지도 모르겠지만 50이 된 나는 이를 지키려 한다. 나를 괴롭히는 사람을 향해서까지 웃음을 지어야 하는 삶은 피하고 싶다. 물론 어쩔 수 없는 상황에 닥친 경우라면 고민해봐야 한다. 내가 이 굴욕을 참아내고 언젠가 올라갈 바로 그 자리를 위해 노력할 것인가, 아니면 그냥 다 때려치울 것인가.

가고 싶은 곳에 대한 방향성이 확실한 것과 그렇지 않은 것은 시간이 지남에 따라 차이가 나기 마련이다. 지금의 세상과 화해하고 타협하며 함께 어울려 살기를 원한다면 소중한 것들과 잠시 이별할 줄도 알아야 한다. 하지만 50이 되어보니 인생의 진정한 아름다움을 만끽할 기회를 더는 놓치고 싶지 않다. 50에게는 그렇게 낭비할 시간도 얼마 없다. 그러니 말해야 한다. 내가 좋아하는 것에 집중하겠노라고. 아니 더 정확하게는, 내가 싫어하는 것과 이별하겠노라고. 이젠 좀 그래도 된다.

50이 됐다. 나쁜 점도 있고 좋은 점도 있지만 그중에서 좋아진 것 하나는 굳이 나쁜 사람들과 관계를 맺지 않아도 된다는 점이다. 나쁜 사람을 만났을 때 깔끔하게 헤어져도 인생에 별다른 문제가 생기지 않는 경우가 많아졌다는 뜻이다. 누군가가 나를 도발하면 예전처럼 "네?" 하며 당황하는 표정부터 짓는 대신 "그게 무슨 뜻이에요?"라고 따져 물을 줄 안다. 좋고 나쁨, 선과 악을 상대방이 정하는 게 아니라 내가 정할 수도 있음을 깨닫게 된 것이다.

언젠가 멋진 식당에서 굴을 먹은 적이 있다. 모든 사람이 최고라고 감탄하는 맛이었다. 나 역시 최고였다. 아쉽게도 탈이 났다. 그때부터였다. 굴을 먹으면 몸이 받지를 못했다. 지금의 나에게 굴은? 그렇다. 나쁜 음식이다. 굴을 먹고 알레르기 반응을 일으킨다면, 내가 할 수 있는 가장 근본적인 해결책은 먹지 않는 것이다. 아무것도 먹지 말라는 게 아니다. 다른 것을 먹으면 된다. 나쁜 사람도 마찬가지다. 그 사람과 관계를 끊으면 된다. 대신 좋은 사람을 만나면 된다.

단, 여기에서 착각하지 말아야 할 게 있다. '아니다'의 대상은 '나보다 잘난 누군가'에 대한 것이어야 한다는 점이다. '아니다'의 대상이 나보다 나이가 어리고, 지위가 낮으며, 가진 힘도 부족한 사람이라면 그건 한마디로 '에러error'다. 비슷한 지위와 힘을 가진 사람에게도 마찬가지다. '무작정의 아니다'는 세상에 나쁜 영향을 미치는 자신을 드러내는 일일 뿐이라는 점 정도는 기억해두어야 한다.

나는 이제 불행해지지 않기로 마음먹었다. 20대였다면, 30대였다면 감히 해볼 엄두를 내지 못한 말과 행동을 할 수 있게 된 50의 시간, 나는 이 시간이 점점 좋아진다. 50이 되면 불행해진 다고들 하던데, 누굴까, 그런 말을 한 사람.

**REMIND**

나는 50의 시간이 좋다.
좋고 나쁨을 상대가 아닌 내가 정할 수 있게 되었다.

# 나쁜 기억도
# 좋은 추억으로 만드는 말

추억은 무엇일까. 기억과 다른 점은 무엇일까. 나름대로 정리를 해보자면 추억은 좋은 것이어야 한다. 과거를 되새기는 자기 자신에게. 기억은? 글쎄, 대부분 나쁜 것들 아닐까. 좋은 것으로 남아 있으면 추억, 별로인 것으로 남아 있으면 기억. 학창 시절의 추억을 되돌아본다. 뉘엿뉘엿 넘어가는 여름 해를 등지고 친구들과 농구를 하던 일, 독서 토론을 빙자해 여학생과 가슴 설레는 대화를 나누던 일 등이 생각난다.

기억에는 어떤 것이 있을까. 친구들이 떠들었다고 학급 전원에게 얼차려를 주던 선생님, 학교 앞 분식집에서 라면을 사먹었다고 두툼한 몽둥이로 패던 선생님, 하굣길에 실실 '쪼개면서' 돈을 갈취하던 동네 불량배 등. 물론 맞고 뺏기고 한 나쁜 기억들, 이젠 모두 희미해졌다. 아니 오히려 추억처럼 간직할 정도가 됐다. '뭐, 다 그렇게 살았는데…' 하면서 말이다. 시간은 모든 것을 삼켜버린다고 하더니 그렇게 과거의 기억들을 희미하게 하는가 보다.

하지만 그럼에도 나쁜 기억 하나는 여전히 나의 마음 한구석에서 찝찝하게 남아 있다. 그 키워드는 '칠판', '생물 선생님', 그리고 '손자국'이다. 사실 별일도 아니다. 국어 수업이 끝난 후 쉬는 시간, 나는 화장실에 갔고 소변을 봤고 손을 씻었다. 손 말리는 기계나 핸드타올이 있을 리가 없으니 손에 남은 물기를 바지춤에 쓱 문질러 닦았다. 거기서 끝났으면 좋았겠지만 교실로 들어온 나는 깨끗하게 닦여진 칠판을 보고 아직 물기가 남아 있는 내 손자국을 찍었다. 금방 마르겠거니 하면서.

다음 수업은 생물이었다. 선생님이 들어오셨다.

"칠판에 손자국 낸 사람, 누구야?"

교실이 조용해졌다. 침묵 속에서 나는 당황할 수밖에 없었다. "접니다!"라고 손을 들어야 했다. 그런데 너무 당황해서 그 순간을 놓치고 말았다. 이미 선생님의 목소리가 높아졌다.

"모두 눈 감아."

눈을 감았다. 심장이 뛰었다.

"누가 이렇게 했는지 손만 조용히 들어봐."

결국 나는 손을 못 들었다. 참고로 생물 선생님은 학생들에게 늘 온유하시며 손끝 하나 건드리지 않는, 당시로는 드물 정도로 인자하신 분이었다. "눈을 뜨고 모두 손을 내리세요"라고 하시더니 숨죽이고 있는 우리를 보고 이렇게 말씀하셨다.

"지금 손 못 든 사람, 평생 후회하게 될 겁니다. 앞으로는 기회가 있을 때 자신의 잘못을 말하는 여러분이 되길 바랍니다. 자, 수업하자."

평소와 달리 존댓말을 섞어가며 하셨던 선생님의 말씀, 30여 년이 훌쩍 지났음에도 이 기억은 정말 어제처럼 가깝다. "뭐, 그런 걸 가지고 그래"라고 여겨준다면 고맙긴 하겠지만, 나에겐 수십 년이 지난 지금까지도 돌이키고 싶지 않은 최악의 기억 중의 하나다. 지금은 선생님께 그리고 영문도 모르고 긴장했을 친구들에게 말하고 싶다.

"선생님, 죄송합니다. 친구들아, 미안하다."

그리고 손을 들고 싶다. 조용히. 이렇게 써놓고 보니 그래도 조금 후련해진다. 그리고 하나를 깨닫는다. 말을 하면 나쁜 기억도 좋은 추억이 될 수 있다.

시간은 마음의 고통을 지워버린다고 한다. 하지만 무작정 시간에 맡기는 것만으로는 안 될 때가 있다. 그럴 땐 세상에 드러내는 것도 괜찮은 방법이다. 기억을 추억으로 만드는 기술이기도 하다. 누군가는 이렇게 말했다.

"시간이 지났음에도 부정적 감정이 쌓이게 놔두면 시간은 나의 적이 되고 만다."

이제 50 이후의 시간을 적이 아닌 친구로 만들고자 한다면, 기회가 있을 때 아쉽고 잘못된 과거를 말해보면 어떨까 한다. 자신의 부끄러움을 알아채고 그것을 세상에 공개해 용서를 구하는 것이야말로 50다운 모습이기 때문이다.

**REMIND**

**기억은 없애되,
추억을 남긴다.**

# 작은 한마디 말에서
# 행복은 시작된다

명상을 처음 접했을 때의 얘기다. 명상 하면 생각나는 '엄근진(엄숙함, 근엄함, 진지함)'과는 거리가 먼, '세련된 도시 여성'이 강사님이셨다. 1분도 가만히 앉아 있지 못하는 나였기에 명상을 배운다는 건 만만한 일이 아니었다. 그래도 어찌어찌 끝까지 수강했고 회사 내에서 명상을 가르칠 수 있는 자격까지 얻게 됐다. 고마운 일이다.

몸이 맑으면(!) 마음도 맑아지는 것일까. 50인 나보다 나이가 열 살은 더 어린 강사님이셨지만 삶을 살아가는 모습은 배울 점이 많았다. 수업 중에 명상 이외에도 인생에 대해 이런저

러 것들을 많이 말씀하셨는데 명상 자체만큼이나 삼농석인 이
야기가 많았다. 꿀벌이 꽃들을 여기저기 옮겨 다니며 자신의
것으로 삼은 뒤에 그것으로 꿀을 만들듯, 이렇게 다양한 사람
들을 만나면서 무엇인가를 배울 수 있는 건 행복한 일이다.

내가 50이고 내 앞에 선 사람이 40이어도 배울 게 있으면 배
우는 게 맞다. 인생은 단편소설이다. 중요한 것은 길이가 아니
라 그 가치다. 그러니 배움에서 나이의 많고 적음은 문제될 게
없다.


명상 강사님의 좋은 말씀들 중에 마음에 와닿는 일화가 있
었다. 강사님은 주로 차로 이동을 한단다. 아무래도 명상에 필
요한 여러 가지 준비물을 가지고 다녀야 했기 때문이리라. 자
동차 운전석 옆 보관함 한곳을 지정해 만 원권 지폐 한 장씩을
넣은 봉투 몇 개를 늘 비치해둔다고 했다. '만 원권 지폐를 넣
은 봉투라니…, 왜?'라는 궁금증을 내 얼굴에서 읽었는지 그
이유를 말해주었다. 운전을 하다 폐지 줍는 노인을 보면 차를
잠시 세우고 노인에게 다가가 봉투 하나를 드리고 온단다. 영
문도 모르고 봉투를 건네는 강사님을 보고 의아해하는 노인에
겐 딱 한 마디만 한다고 하셨다.

"그냥 드리고 싶어서요."

사람은 누구나 자기를 관리하고, 나아가 과시하고 싶다는 욕망을 가지고 있다. 이 욕망, 얼마든지 아름답고 건강하게 표출될 수 있음을 강사님의 경험담 속에서 배웠다. 작지만 좋은 일 한 가지를, 아무도 몰래 일상에서 실천하는 강사님의 모습이 깔끔했다. 특히 좋았던 건 좋은 일을 행할 때 말이 길지 않았다는 점이다. 딱 한마디, '그냥 드리고 싶어서요'라는 말은 어떤 대단한 문장보다도 감동적인 말이 아닐까 싶다.

물론 쉽게 나올 말은 아니다. 강사님은 인도에서도 꽤 오랜 시간을 수련했다고 한다. '인간은 주먹을 쥔 채로 세상에 와서, 손을 편 채로 세상을 떠난다'라는 인도 속담이 있다고 하던데, 아마 강사님은 그 생각을 몸과 마음에 담아두었던 것 같다. 그러니 말 한마디도 그렇게 아름다울 수 있었으리라.

비슷한 이야기를 한 여행가한테서도 들은 적이 있다. 동남아 작은 마을에 배낭여행을 갔더란다. 현지인들이 옆에 있었고 우연히 이야기를 나누다가 카페로 옮겨서 차를 한잔하게 됐다. 시간이 흘러 찻값을 내려고 하자 자기들이 이미 냈다는 것이다. "왜?" 하고 물었더니 "아 유 해피?"라며 뜬금없는 질문을 던지더란다. 당황하면서도 "그렇다"라고 말했더니, "그렇다면 됐어. 네가 행복하면 우리도 행복해. 고마워할 건 우리야"라고 했단다.

행복은 어디서 오는 걸까. 아니 행복은 어떻게 만들어낼 수 있을까? 내가 오늘 하는 한 가지 행동, 한마디의 말투에서 비롯되는 것이 아닐까. 나도 내 차의 선바이저에 만 원권 한 장씩을 넣어둔 봉투 몇 개를 늘 비치해둔다. 차를 운전하고 가다가 위태위태하게 폐지를 쌓고는 손수레를 끌며 언덕길을 오르는 할머니·할아버지를 보면, 그리고 주차할 만한 장소가 있으면, 잠시 차를 멈추고 다가가서 봉투 하나를 건넨다. 눈을 크게 뜨고 바라보시는 그분들에게 꾸벅 인사를 하고, "건강하세요"라고 말하곤 돌아선다. 왜 주느냐고 물어보면 "그냥이요"라고 답할 뿐이다.

아직은 영 어설프지만 건강하시라는 말 한마디가 누군가에겐 힘이 되면 좋겠다. 아무리 훌륭한 커리어를 쌓아왔다고 할지라도 교만하고 인색하면 그 나머지는 볼 것도 없다. 그런 50이 되기는 싫다. 행복은 메아리와 같다고 한다. 대답은 하지만 오지는 않는다는 말이다. 행복의 본질에 충실하며 살아가는 길은 좋은 일을 하고서도 '그냥'이라고 말하고 끝내는 '쿨함'이 아닐까 싶다. 그래서 나는 오늘도 가까운 곳에서 행복을 찾아본다.

때로는 '그냥'이라는 한마디에
상대도 나도 행복해진다.

# 중요한 사람이 아닌
# 소중한 사람이 되기를

50이 넘으면 인기가 없다. 현실이다. 직장 생활을 돌이켜보면 나의 전성기는 서른다섯에서 마흔 정도가 아니었나 싶다. 그때는 꽤 괜찮았던 것 같다. 가정에서 나의 전성기는? 마흔에서 마흔대여섯 살까지였던 것 같다. 아이들이 아빠를 한창 필요로 하는 바로 그때 말이다. 나의 전성기는 사라졌다.

나는 전성기(?) 때 스스로 중요한 사람이라고 생각했다. 그건 착각이 아니었다. 실제로도 중요했다. 되돌아봐도 나는 분명히 직장에서, 가정에서 없어서는 안 될 중요한 사람이었다. 대체 불가능했다고 자부한다. 하지만 지금은? 중요한 사람이 아니다. 없어져야 할 사람이라고까지 말할 수는 없겠지만 그렇다고 해서 '없으면 큰일이 일어날 만큼 중요한 사람'은 아닌 것 같다. 안타까운 일이지만.

서글프다. 아직 내 마음 한구석엔 중요한 사람이고자 하는 욕망이 남아 있기 때문이다. 그렇다고 해서 나를 스스로 깎아내리고 싶지는 않다. 나는 이렇게 인기 없는 삶을 살아가는 게 맞는 건가? 그건 또 아니다. 50이 됐지만 여전히 나는 인기에 연연한다. 어떻게 해야 할까? 해법은 생각보다 간단하다. 3단계다.

- 1단계: 중요한 사람이 되려는 욕심을 버린다.
- 2단계: 소중한 사람이 되겠다고 마음을 먹는다.
- 3단계: 1단계와 2단계의 생각을 말과 행동으로 보여준다.

중요한 사람이란 자기가 모두 행하고 자기가 모든 책임을 지는 사람이다. 눈에 보이는 숫자, 성과, 돈 등으로 인기를 유지하는 것이다. 소중한 사람은 다르다. 문득 떠올렸을 때 '곁에 있으면 좋겠다'라는 생각이 드는 사람이다. 그런 의미에서 나는 중요한 사람이기보다 누군가에게 잠시 행복을 줄 수 있는 사람이 되고 싶다. 어떻게 하면 소중한 사람으로 세상에 나설 수 있을까? 주변에서 이미 그런 모습으로 살아가는 사람을 찾아보면 된다. 말 한마디, 행동 하나를 예쁘게 하는 사람 말이다. 얼마 전의 일이다.

　점심시간이었다. 아침 내내 즐겁고 보람됐지만 몸은 힘든 시간을 보낸 후였다. 점심을 함께할 사람도 마땅히 없었다. 이럴 땐 혼자 식사를 해도 어색하지 않은 장소를 찾아야 한다. 백화점 지하 1층의 푸드코트, 그중에서도 회전초밥집이 최고다. 혼자서 좀더 독립적으로 식사할 수 있는 장소로는 최고다. 그런데 그날은 초밥을 고르지 않았다. 무엇인가를 고를 힘조차 없었나 보다.

　'계절 특미, 멍게비빔밥'이라는 문구가 보였다. 그래, 이거다. "멍게비빔밥 하나 주세요!"라고 외치곤 멍하니 앉아 있었다. 옆자리가 텅 비어 있었는데 점심 때라 금방 찼다. 여성 두 명이 왔다. 내 오른쪽 자리 하나를 비워두고 옆에 앉았다. 자리가 가깝다 보니 한 명은 초밥, 다른 한 명은 멍게비빔밥을 주문하는 소리가 다 들렸다. 시간이 지났다. 주방장이 "멍게비빔밥 나왔어요"라고 했다. 젓가락을 들고 숟가락도 꺼냈다.

　하지만 그 멍게비빔밥은 나보다 늦게 온 옆의 여성에게 돌아갔다. 주위를 돌며 일을 도와주시는 분이 음식을 그쪽으로

먼저 가져가버린 거다. 순간 화가 났다. 신경질을 확 내버릴지,
아니면 그냥 자리에서 일어나 다른 가게로 가버릴지(딱히 갈 곳
도 없었지만) 고민했다. 그냥 참기로 했다.

'아니야, 이런 일로 내 마음에 상처 주지 말자. 모르고 그런
건데 말이야.'

마음을 다잡고(사실 다른 곳에 가도 자리가 마땅치 않다는 걸 알기
때문에 차선의 선택을 한 것이다), 대신 따질 건 따지기로 했다. 주
방장에게 약간 볼멘소리를 했다.

"멍게비빔밥, 왜 저는 안 나오죠? 먼저 왔는데…."

그러면서 내 옆의 여성에게 먼저 가버린 멍게비빔밥을 흘끗
쳐다봤다. 주방장이 나를 보더니 잠시 생각하는 듯했다. 고개
를 살짝 기울이는 것도 잠시, 화들짝 놀라며 "으악, 손님, 죄송
합니다. 하, 거참"이라며 당황한 표정을 지었다. 옆에 앉은 분
들이 자신들의 이야기에 몰두해 있는 모습도 슬쩍 쳐다봤다.
그러더니 내 쪽으로 와서 조용히 이렇게 말했다.

"손님, 금방 만들어드릴게요. 대신 멍게 두 배로 올려드릴게
요."

'멍게 두 배'라는 말에 나는 슬며시 웃음이 나왔다. 그 순간
불쾌했던 마음이 사라졌다. 뭐, 나중에 나온 걸 보니 멍게가 두
배로 많은 것 같지도 않았지만 말이다. 사람은 이렇듯 새치기

를 당했다는 사실에 화가 나기도 하고, 한 줌도 안 되는 '멍게 두 배'에 마음이 풀리기도 한다. 하지만 누군가를 행복하게 만드는 건 '멍게 두 배'라는 간단한 말로도 충분하다는, 그동안 미처 느끼지 못했던 말투의 기술을 배우게 됐다.

그 주방장은 나에겐 중요한 사람은 아니다. 하지만 소중한 사람이다. 잠시나마 미소를 짓게 해주었으니 말이다. 50의 말투도 이래야 하지 않을까? 누군가를 소중히 여기는, 그럼으로써 자신을 소중한 사람으로 만드는 말투를 사용할 줄 알아야 한다.

**REMIND**

**누군가의 인생에 중요한 사람이 되기 이전에**
**누군가의 입가에 미소를 짓게 만드는 사람이 되자.**

# 따라잡는 것과
# 따라 하는 것은 다르다

솔직함을 잊고 지낸 지 오래인 게 50의 삶이다. '자신이 한 것도 안 한 것처럼 해야 겸손'이라는 기괴하기 이를 데 없는 사고를 강요받고 지냈기에 자기를 드러내는 게 미덕이 되어버린 요즘 세대의 모습은 낯설기만 하다. 1990년생으로 대표되는 지금의 세대는 자기가 한 것 이상을 원하지도 않지만, 그렇다고 해서 무슨 척을 하거나 세상이 자기들에게 빚을 졌다고는 생각하지 않는단다. 그러니 나 같은 직장인은 요즘 세대의 마인드를 따라잡는 것만도 일이다.

'너는 너, 나는 나'가 확실한 그들의 모습을 보면 아직 조직에 몸담고 있는 나 역시 최근 조직에 유입되는 새로운 인류(!)를 바라보면서 당혹스러움을 느끼기도 하고 가끔은 체념도 한다. 하지만 지금은 그들의 모습을 배우려고 노력한다. 생각해 보니 그들의 모습이 옳았기 때문이다. '저들은 저렇게 사는구나'에 그치면 결국 세상에 뒤떨어진다. '그들의 삶에 대한 적극적 인정'은 물론 나 자신의 삶에도 그들의 모습을 담으려고 애쓴다.

하지만 따라잡는 것과 따라 하는 것은 엄연히 다르다. 젊은 그들의 말과 행동을 생각 없이 따라 하다가는 오히려 비웃음만 살 수 있다.

출연자가 의뢰인의 요청에 따라 집을 구해준다는 방송 프로그램에서 본 장면이다. 한 팀에 속한 배우와 방송인이 의뢰인의 요청에 맞는 방을 찾았다. 그때 그 팀에 속한 두 명의 패널은 "원룸인 듯 원룸 아닌 원룸 같은 너~어~어"라고 노래를 불렀다. 그때 사회자 격인 젊은 방송인이 이렇게 말했다.

"젊은 척하는 아저씨 같아요!"

'젊은 척하는 아저씨?' 나는 저런 적 없었나? 철 지난 유머를 남발하며 '젊은 그들'의 눈살을 찌푸리게 한 적은? 젊어 보이겠다고 청바지를 입어놓고는 검은색 구두를 신은 적은? 젊어지고 싶은 마음이 패션에서만 드러나는 건 아니다. '아는 체'에서 절정(?)을 찍는다.

한번은 세대를 아울러 온라인으로 함께 토론하는 모임에 참석했다. 30대 초반의 한 직장인이 퇴사한다는 말을 올렸을 때, 괜히 있어 보이겠다고 어디선가 본 도산 안창호 선생의 말을 단톡방에 올렸다.

"우리 청년은 태산 같은 큰일을 준비합시다. 낙심 말고 겁내지 말고 용감하고 대담하게 나아갑시다."

며칠이 지났을까. 나와 연배가 비슷한 누군가로부터 충고를 들었다.

"그런 말 자꾸 올리면 '아재'래…."


말과 행동이 점점 더 조심스러워지는 요즘이다. 솔직히 괜찮은 50이 되는 거, 쉽지 않다. 그래도 어쩌랴. 할 건 해야지.

**REMIND**

**젊음을 무작정 따라 하지 않는다.**
**단, 젊음을 따라잡으려는 노력은 멈추지 않는다.**

# 예의와 배려가 있는
# '좋아요'

나이 50이 되면 모든 걸 놓아버리라고들 한다. 아득바득 살지 말라는 것일 터이다. 사실 인생은 누구에게도 영원한 소유물로 주어지는 게 아니다. 그저 일정 기간 빌려 사용하고 반납할 뿐이다. 내일 무슨 일이 일어날지 알 수 없는 상황에서 욕심으로 가득한 오늘의 내 모습을 이제 더는 보고 싶지 않다. 욕심은 버리고 예의는 갖추며 배려에 더 초점을 맞추는 내가 되고 싶다. 쓸데없이 '자기애'를 고집하느라 소통에 실패하고 싶지 않다.

누군가에게 기쁨을 주고, 또 그것을 통해 나의 존재 가치를 인정받고 싶다. 예를 들어 페이스북의 게시물 하나에도 '좋아요'를 받기 위해 늘 신경을 쓰고자 한다. 이왕이면 전체에게 공개되는 게시물에도 '좋아요'를 얻는 50이 되고 싶다. 50이야말로 '좋아요'가 필요한 나이라고 생각하기 때문이다. '나의 주장을 들어주면 소통, 아니면 불통'이라는 고집은 이제 버리고, 상대방이 틀린 존재가 아니라 나와 다른 존재라는 점을 인정하는 데에서 관계를 시작하려 한다.

'좋아요'는 나를 비춰주는 거울이다. 남들에게 존재를 인정받으려는 욕구를 내버리는 순간 예의 없고 염치 모르는 사람이 되기 쉽다. 그래서 페이스북의 '좋아요' 등 소셜 네트워크 서비스SNS에서 나를 드러내는 것들을 좀더 가다듬기로 했다. 남들에게 보이기 위해 수백 개의 '좋아요'가 필요하다는 게 아니다. 존재를 인정받으려고? 그것도 아니다. '좋아요'를 받으려는 노력, 그러니까 SNS에 표현되는 나의 말투가 세상을 아름답게 만드는 데 도움이 되고 그것이 결국 나와 누군가의 관계를 좋게 할 수 있다는 확신이 있기 때문이다.

이렇게 말은 하지만 나의 예전 말투가 문득 생각나서 부끄럽다.

"이제 너도 업그레이드해야지? 내가 키워줄게."

그러면서 말도 안 되는 개똥철학을 읊어대며 근엄하고 신지한 표정을 지었다. 페이스북에 "쓰레기 같은 인간들, 다 없어져야 해!"라는 게시물을 올리고는 왜 '좋아요'가 몇 개 안 되는지 오히려 짜증만 냈다. 그렇다. 그게 나였다. 말을 무작정 많이 쏟아내다 보면 때때로 맞는 말도 하기 마련이라고 생각하면서 스스로 말을 걸러낼 줄 몰랐다.

내가 했던 그 말들, 그리고 그 말을 할 때의 표정들, 다시 회수할 수 있다면 돈을 주고서라도 회수해서 쓰레기통에 버리고 싶다. 쓰레기통도 거부할까 봐 걱정되긴 하지만 말이다. 나는 이제 누군가에게 안정감을 주는 따뜻한 사람이 되고 싶다. 누군가의 병풍으로 살면서 '나라는 병풍'을 느낀 누군가가 '이 사람, 괜찮은데?'라고 가끔 생각해준다면, 그것으로 족하다. 물론 '좋아요'를 얻을 수 있으면 더 좋고.

**REMIND**

**'좋아요'가 없다고 투덜대기 전에**
**'좋아요'를 얻어낼 만한 글과 말을 썼는지 살핀다.**

# 지금의 나를
# 그대로 긍정한다

노래 하나가 마음을 들썩이게 한다.


산다는 게 다 그런 거지 누구나 빈손으로 와

소설 같은 한 편의 얘기 세상에 뿌리며 살지

자신에게 실망하지 마 모든 걸 잘할 순 없어

오늘보다 더 나은 내일이면 돼

인생은 지금이야

아모르 파티!

중독성 강한 멜로디기 인상 깊었다. 찾아보니 가사 또한 공감이 간다. 환갑을 눈앞에 둔 가수 김연자 씨의 노래 '아모르 파티(작사 이건우, 신철·작곡 윤일상)'다. 젊은 세대는 모르지만 '수은등'을 비롯해 수많은 히트곡을 남긴 베테랑 가수다. 1959년생, 이미 60대에 접어들었지만 나이도 잊은 채 영원한 청춘을 사는 그녀가 멋지다. 자기 운명의 주인공으로 사는 모습이 아름답다.

'아모르 파티amor fati'는 독일의 철학자 프리드리히 니체의 운명관을 나타내는 용어라고 한다. '자신의 운명을 사랑하라'라는 의미로, 인간이 가져야 하는 삶의 태도를 가리킨다. 영어로는 'love of fate', 한자로는 '운명애運命愛'라고 한다. 니체는 삶이 만족스럽지 않거나 힘들더라도 자신의 운명을 받아들여야 한다고 말했다. 고난과 어려움에 맞닥뜨렸을 때 굴복하거나 체념하는 수동적인 삶의 태도를 거부해야 한다는 얘기다.

니체가 말하는 '아모르 파티'는 자신의 삶에서 일어나는 고난과 어려움까지도 받아들이는 적극적인 삶의 태도를 의미한다. 즉 부정적인 것을 긍정적인 것으로 바라보면서, 자신의 삶을 긍정하는 모습이 '아모르 파티'다. 참고로 '아모르amor'는 스페인어로 '사랑'을 뜻하는데, 여기서 'am'은 '상대방에게 내 모든 것을 준다'라는 의미라고 한다. 나에게 주어진 시간과 공간을 극대로 존중해주는 모습이 경건하기까지 하다.

아모르 파티를 이야기하다 보니 비슷한 느낌의 단어 하나가 더 생각난다. 바로 '카르페 디엠carpe diem'이다. 우리말로는 '현재를 잡아라', 영어로는 'seize the day'로 번역되는 라틴어다. 영화 〈죽은 시인의 사회〉에서 키팅 선생님이 학생들에게 수시로 외치면서 한때 유행어가 되기도 했다. 영화에서는 전통과 규율에 도전하는 청소년들의 자유정신을 상징하는 말로 쓰였다. 키팅 선생님은 이 말을 통해 미래(대학 입시, 좋은 직장 등)를 위해서라는 미명하에 현재(학창 시절)의 낭만과 즐거움을 포기해야만 하는 학생들에게, 지금 살고 있는 이 순간이 무엇보다 확실하고 중요한 순간임을 일깨워준다.

사실 이런 말들은 무언가 있어 보이긴 하지만 실제 내 것으로 느껴지진 않았었다. 그러던 중 초등학교 동창과 이야기를 나누다가 카르페 디엠의 의미에 대해 다시 한 번 생각해보게 됐다. 참고로 그 친구는 20년 넘게 한 직장에서 근무하고 있다. IMF다, 금융위기다 하는 위기 속에서도 나름대로 자신의 위치를 잘 찾아내고 착실하게 성과를 냈다. 그래서일까. 50이 넘은 지금도 여전히 직장에서 나름대로 한자리를 차지하고 있다. 그가 이런 얘기를 해줬다.

"정말 힘든 어느 날이었어. 출근 중이었는데 회사 건물을 보자마자 구토가 나올 정도였으니까. 그날 큰 프로젝트 수주가 결정되는 입찰 설명회 날이었거든. 힘들어하는 나를 보고 직속 선배가 커피 한잔을 타주더라고. 그러곤 이렇게 말했어. '많이 힘들지? 잘될 거야. 우리 오늘 하루도 잘 살아보자. 오늘 하루를 잘 산다면 결과야 어찌 됐든 분명히 내일 후회는 하지 않을 테니까. 카르페 디엠!' 그 말을 나는 지금까지도 마음속에 품고 있어. 힘들 때마다 그날을, 그리고 그 단어를 떠올리지."

친구가 멋져 보였지만 괜히 트집을 한번 잡아봤다.

"야, 네가 지나칠 정도로 '회사형 인간'인 거 아니야? 선배에게 그런 단어 들었다고 감동이라니…."

냉소적으로 말하는 나를 보며 그가 고개를 저었다.

"회사에서는 감동받으면 안 되냐? 나는 싫어하는 선배건 좋아하는 선배건, 내가 받아들일 만한 것은 받아들이는 게 사람으로 생각해. 됐다. 이제 그런 얘기 그만하고 오늘에 충실하자."

차를 운전하고 갈 때 창밖 풍경을 바라보다 어두운 터널로 진입하면 문득 앞 유리창에 비친 내 모습을 바라보게 된다. 생각해보니 인생의 빛나는 시기보다는 일이 안 풀리고 자신감이 사라졌을 때에야 비로소 나를 바라본 적이 많았다. 그제야 나와 내 삶, 그리고 내 주위의 아름다운 것들에 관심을 두고 사랑을 나누게 됐다.

50이란 나이는 찬란한 빛들보다 때때로 구름이 끼는 시기로 접어들었음을 뜻한다. 이럴 때 자신은 물론이고 주변의 아름다운 사람들을 향해 "지금, 여기에서 멋지게 살자. 카르페 디엠"이라고 말할 줄 아는 50, 꽤 멋지지 않은가.

REMIND

**카르페 디엠!**
**인생은 지금이다.**

# 50의 품격은 말투로 완성된다

**초판 1쇄 발행** 2020년 9월 3일
**초판 6쇄 발행** 2022년 7월 7일

**지은이** 김범준
**펴낸이** 김선식

**경영총괄** 김은영
**편집인** 박경순
**유영편집팀** 문해림  **책임마케터** 이고은
**마케팅본부장** 권장규  **마케팅2팀** 이고은, 김지우
**미디어홍보본부장** 정명찬
**홍보팀** 안지혜, 김은지, 이소영, 김민정, 오수미
**뉴미디어팀** 허지호, 박지수, 임유나, 송희진, 홍수경
**저작권팀** 한승빈, 김재원, 이슬
**재무관리팀** 하미선, 윤이경, 김재경, 오지영, 안혜선
**인사총무팀** 이우철, 김혜진, 황호준
**제작관리팀** 박상민, 최완규, 이지우, 김소영, 김진경, 양지환
**물류관리팀** 김형기, 김선진, 한유현, 민주홍, 전태환, 전태연, 양문현
**외부스태프** 교정교열 공순례

**펴낸곳** 다산북스  **출판등록** 2005년 12월 23일 제313-2005-00277호
**주소** 경기도 파주시 회동길 490
**전화** 02-704-1724
**이메일** kspark@dasanimprint.com
**홈페이지** www.dasan.group
**종이 · 인쇄 · 제본 · 후가공** ㈜갑우문화사

ISBN 979-11-306-3118-9 (03190)